BASIC TENLINERS 2014

Über den Autor

Gunnar Kanold bekam 1985 seinen Atari 800 XL und begann sofort, die kurzen Beispielprogramme aus dem Handbuch abzutippen. Er hat über 140 Fachartikel in Zeitschriften veröffentlicht und 2009 über den ABBUC (Atari Bit Byter User Club) das Buch "Atari XXL – das große Spielehandbuch" herausgegeben.

BASIC

TENLINERS

2014

40 SPIELE, DIE IN 10 ZEILEN TURBO BASIC XL FÜR ATARI 8-BIT PROGRAMMIERT WURDEN

GUNNAR KANOLD

2014 **Gunnar Kanold**
Adresse: Goldberg 31, 25791 Linden, Deutschland/Germany

Autor: Gunnar Kanold

Titel: BASIC Tenliners 2014. 40 Spiele, die in 10 Zeilen Turbo Basic XL für Atari 8-Bit programmiert wurden

ISBN: 978-1-291-88707-5

Printed and Bound: Lulu Press Inc., 3101 Hillsborough Street, Raleigh, NC 27607, USA.

INHALT |

BASIC? – Das war doch diese Programmiersprache auf dem C64, Atari 800 XL oder dem Schneider CPC, die sich gleich nach dem Anschalten des Computers mit einem erwartungsfrohen "READY" meldete und auf Eingaben wartete. Jeder, der sich einen Computer kaufte, war neugierig, was wohl hinter diesem "READY" eingetippt werden könne. Und so tippte man drauflos.

```
10 ? "WER DIES LIEST IST DOOF!"
20 GOTO 10
```

So oder so ähnlich fing wohl jede hoffnungsvolle und hoffnungslose Programmiererkarriere an. Langsame hangelte man sich voran, ackerte das dem Computer beigelegte Einsteiger-Handbuch durch und perfektionierte sein erstes Programm. Farbige Schrift, farbiger Hintergrund, farbiger Rand, Farbwechsel, Töne, Melodien – der Fantasie waren keine Grenzen gesetzt. Man kaufte sich Bücher, in denen immer weitergehende Programmiertechniken erklärt wurden; Zeitschriften mit kommentierten Abtipplistings erfreuten sich besonderer Beliebtheit.

Heute spielt diese Programmiersprache keine Rolle mehr und hat nur noch historische Bedeutung. Aber nicht nur die Programmiersprache BASIC besitzt keine Bedeutung mehr. Das Programmieren an sich spielt für 99,9% der heutigen Computerbesitzer keine Rolle mehr. Man surft, schreibt, chattet, twittert, spielt, malt, zeichnet, musiziert auf dem Computer; aber wer programmiert, ist ein Exot. Es gibt sie aber noch, die Hobbyprogrammierer! Heute sind es meist Männer zwischen 40 und 50, die in prägender Jugendzeit genau das durchgemacht haben, was oben beschrieben wurde. Sie erinnern sich gerne zurück und finden Gleichgesinnte, die sich auch an die Pionierzeit des Homecomputings zurückerinnern.

Die NOMAM, Abkürzung für Not Only Marvelous Atari Machinery, ist ein Treffen von Gleichgesinnten. Sie findet seit 2008 jeweils im April in verschiedenen Orten Schleswig-Holsteins statt und zieht Homecomputer-Begeisterte aus ganz Deutschland und dem benachbarten Ausland an. Neben dem Spielen, dem Basteln, Löten und Schrauben an ihren alten Rechnern stellt für sie das Programmieren einen wichtigen Teil ihres Hobbys – das Retrocomputing – dar. In diesem Jahr fand das Event, genauso wie im Vorjahr, in Lübeck im Gemeindehaus der ev.-luth. Kirchengemeinde Kücknitz statt. Bereits 2013 beschlossen die Teilnehmer, auch 2014 wieder einen kleinen Programmierwettbewerb zu starten. Die Aufgabe: Schreibe ein Spiel in 10 Zeilen in der Programmiersprache Turbo Basic XL für Atari-Computer! Um den Wettbewerb etwas zu bereichern, wurden auch Programme von Leuten zugelassen, die nicht zur NOMAM erscheinen. Vielleicht würden es ja ein paar mehr Programme werden als die sechs eingereichten Programme im Vorjahr ...

Und es wurden mehr! Zeitweise kamen täglich neue Beiträge an; die Vielfalt kannte dabei keine Grenzen – Schieß-, Puzzle-, Denk- und Merkspiele, sogar Wirtschaftssimulationen und Rollenspiele wurden programmiert. Immer wieder wurde noch einer draufgesetzt. Nicht für möglich Gehaltenes wurde plötzlich in nur zehn Zeilen möglich gemacht. Der Wettbewerb bekam eine unvergleichliche Eigendynamik und veranlasste mehrere Leute sogar, ihre ersten Programmierversuche mit respektablen Ergebnissen zu starten. Nachfolgend werden die eingereichten Programme beschrieben, die Listings abgedruckt und die Autoren kurz vorgestellt.

Im ersten Teil werden die Spiele vorgestellt, die direkt aus dem Buch auf den Atari abgetippt werden können. Dabei muss man beachten, dass der Atari nur drei Bildschirmzeilen als eine logische Zeile akzeptiert. In vielen Spielen konnten die Programmierer durch einen "POKE 82,0", der den linken Rand auf "0" setzt, anstatt der voreingestellten "2", sowie dem Gebrauch von Abkürzungen, wie z.B. "GR." für "GRAPHICS" oder "SE." für "SETCOLOR" über die drei Zeilen hinauskommen. Damit steht einer Eingabe auf dem Atari (oder dem Emulator, z.B. Altirra) nichts mehr im Wege. Die Spiele des zweiten Abschnitts lassen sich nicht ohne Weiteres so auf dem Atari eingeben. Die Programmierer benutzten einen alternativen Editor auf dem PC, konvertierten die Textdatei in eine tokenisierte Form und luden die Datei im "ENTER"-Format in den Atari. So kann man im Extremfall auf über sechs Zeilen kommen. Erstaunliches ließ sich so in nur zehn Zeilen unterbringen.

Staunen und lernen Sie!

Gunnar Kanold, im Mai 2014.

1

SPIELE, DIE MIT DEM BILDSCHIRM-EDITOR E: EINGEGEBEN WERDEN KÖNNEN

ABDUCT10

Programmiert von Kevin Savetz

Auszusprechen ist das Spiel "Abduction", auf Deutsch "Entführung". Der Autor drehte das traditionelle Videospiel-Verständnis Alien = Böse um und lässt den Spieler in die Rolle des Invaders schlüpfen. Mit dem Traktorstrahl lassen sich die in Panik geratenen Quadrate (= Menschen) einfangen und der Energievorrat auffüllen. Man beginnt das Spiel mit einer Power von 250. Am oberen Bildschirmrand kann man das Alien-Raumschiff mit einem Joystick, der im linken Port steckt, nach links und rechts steuern. Mit Druck auf den Joystickknopf fährt der Traktorstrahl weiter nach unten aus. Trifft der Strahl auf Menschen, so werden sie durch den Strahl in das Raumschiff gezogen und augenblicklich in Energie umgewandelt. Jeder Mensch lässt die Powerpunktzahl wieder um zehn Punkte steigen. Wird der Joystickknopf nicht betätigt, fährt der Strahl wieder automatisch ein.

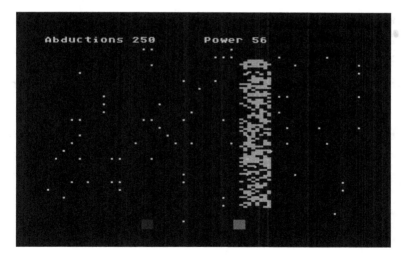

Kevin Savetz ist in der Atari-Szene wohlbekannt. Auf der Internetseite www.atariarchives.org stellt er die Texte von mehr als 30 Büchern zur Verfügung, die sich vornehmlich mit der Programmierung von Atari-8-Bit-Computern beschäftigen. Die Aufbereitung für das Internet geschah sehr sorgfältig und ist damit eine der wichtigsten Quellen für Leute, die sich auch heute noch mit der Programmierung der alten Computer auseinandersetzen. Weiterhin berichtet er mit Randy Kindig und Brad Arnold in einem monatlichen Podcast über die Neuigkeiten im Atari-8-Bit-Bereich: http://ataripodcast.libsyn.com/ . Wer etwas über Kevins Jugend erfahren möchte, der kauft sich sein vor zwei Jahren erschienenes Buch "The Terrible Nerd" (http://www.terriblenerd.com/).

DAS LISTING

```
1 X=99:Y=28:P=250:DIM G(4,2):GRAPHIC5
0:POKE 710,0:POKE 752,1:A=PEEK(106)-8:
POKE 54279,A:PM=256*A:POKE 559,46:POKE
 53277,3
2 POKE 53248,100:FOR I=PM+512 TO PM+10
24:POKE I,0:NEXT I:FOR I=PM+512 TO PM+
516:READ A,B:POKE I+Y,A:POKE I+366,B:P
OKE I+494,B:NEXT I
3 POKE 706,200:POKE 707,230:POKE 704,8
:POKE 53256,1:POKE 53257,1:POKE 705,$7
8:COLOR 46:FOR I=1 TO 80:PLOT RAND(40)
,RAND(20):NEXT I
4 WHILE P:POKE 53248,X:POKE 53249,X:PO
KE 53278,1:X=X+((5TICK(0)=7)-(5TICK(0)
=11))*3:POSITION 0,0:? "Abductions ";5
,"Power ";P;" "
5    IF X<50:X=50:ENDIF :IF X>190:X=190
:ENDIF :IF 5TRIG(0)=0:-MOVE PM+640+Y+6
,PM+644+Y+6,128-Y-6:DPOKE PM+640+Y+6,R
AND(32767):P=P-1

6 5OUND 0,50+RAND(50),6,6:DPOKE PM+648
+Y,RAND(32767):EL5E :MOVE PM+650+Y,PM+
646+Y:5OUND :ENDIF :FOR A=3 TO 4
:DATA 60,63,126,63
7    G(A,1)=G(A,1)+G(A,2):IF G(A,1)>215
 OR G(A,1)<30:Q=A:GOSUB 10:ENDIF :POKE
 53247+A,G(A,1):IF 5TRIG(0)=0:DATA 219
,63,126,63,66,63
8      W=G(A,1):IF W>X-11 AND W<X AND G
(A,2)>0:G(A,2)=-4:EL5E :IF W<X+20 AND
W>=X AND G(A,2)<0:G(A,2)=4:ENDIF :ENDI
F :ENDIF :NEXT A
9 W=PEEK(53261):IF W:IF W&4:Q=3:EL5E :
Q=4:ENDIF :GOSUB 10:5=5+1:P=P+10:5OUND
1,50,10,10:PAUSE 5:5OUND :ENDIF :WEND
:CL5 :? "5CORE: ";5:END
10 W=RAND(4)+2:IF RAND(2):G(Q,2)=W:G(Q
,1)=30:EL5E :G(Q,2)=-W:G(Q,1)=215:ENDI
F :POKE 703+Q,RAND(99)+9:POKE 53247+Q,
G(Q,1):RETURN
```

BAGH CHAL

Programmiert von Bill Kendrick

"Bagh Chal" ist ein altes nepalesisches Brettspiel. Gespielt wird es mit zwei Personen. Der eine Spieler spielt die Tigerfamilie, bestehend aus vier Tigern. Sie beginnen das Spiel in den vier Ecken des Spielfelds und werden mit einem "T" gekennzeichnet. Der andere Spieler spielt 20 Ziegen. In jedem Zug wird eine Ziege auf einem freien Feld platziert. Die Tiger müssen versuchen, so viele Ziegen wie möglich zu fressen. Eine Ziege gilt als gefressen, wenn ein Tiger sie überspringt, das heißt über eine benachbarte Ziege auf dem freien Feld dahinter bewegt wird. Die Ziegen dagegen haben gewonnen, wenn sie die Tiger so eingekreist haben, dass sie sich nicht mehr bewegen können.

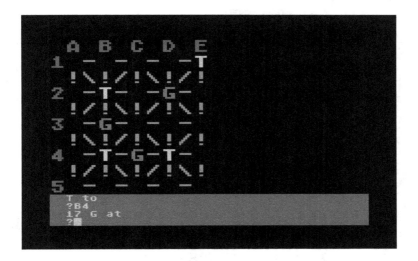

Bill Kendrick ist ein weit über die Atari-Grenzen bekannter Programmierer. Sein "Tux Paint" ist wohl das bekannteste Malprogramm für Kinder und ist Bestandteil jeder bildungsorientierten Linux-Distribution. Inzwischen ist es auch für jedes aktuelle, wichtige Betriebssystem verfügbar. Er hat aber seine Wurzeln nicht vergessen und ist bis heute in der Atari-8-Bit-Szene aktiv. Ein mal im Jahr veranstaltet er in seinem Wohnort Davis in Kalifornien die "Atari Party", die von kalifornischen Atari-Fans gern besucht wird.

Auf seiner Homepage stellt er ein Archiv seiner Atari-Diskettenbox der Allgemeinheit zur Verfügung. Man findet dort sehr interessante Programme, die er zwischen 1986 und 1997 auf seinem Atari 800 XL geschrieben hat – eine wahre Fundgrube, besonders für diejenigen, die sich noch heute mit der Programmiersprache BASIC beschäftigen und noch etwas von Bill lernen möchten.

http://www.newbreedsoftware.com/atari/relics/

DAS LISTING

```
10 GRAPHICS 2:DIM B$(45):B$="t- - - -t
!\!/!\!/! - - - - !/!\!/!!012321230":
? #6;" A B C D E":FOR I=37 TO 45:N=(VA
L(B$(I,I))*9)+1
20   IF I MOD 2=1:? #6;CHR$((I-37)/2+1
77);:ELSE :? #6;" ";:ENDIF :? #6;B$(N,
N+8):NEXT I:G=20:DIM I$(2):Q=1000
100 REPEAT :? K;" T from":GOSUB Q:UNTI
L C=116:X1=X:Y1=Y:REPEAT :? "T to":GOS
UB Q:DX=ABS(X1-X):DY=ABS(Y1-Y)
105   OK=(C=32 AND (DX=DY OR X1=X OR Y
1=Y) AND DX<3 AND DY<3 AND (((X1+Y1) M
OD 2)=0 OR X1=X OR Y1=Y))
110   IF DX=2 OR DY=2:GX=(X1+SGN(X-X1)
)*2+1:GY=(Y1+SGN(Y-Y1))*2+1:LOCATE GX,
GY,C1:IF C1<>231:OK=0:ENDIF :ENDIF :UN
TIL OK
120 C=116:GOSUB 2000:IF G>0:REPEAT :?
G;" G at":GOSUB Q:UNTIL C=32:POSITION
X*2+1,Y*2+1:? #6;"▣":G=G-1:ELSE

140 REPEAT :? "G from":GOSUB Q:UNTIL C
=231:X1=X:Y1=Y:REPEAT :? "G to":GOSUB
Q:DX=ABS(X1-X):DY=ABS(Y1-Y)
150   OK=(C=32 AND DX<2 AND DY<2 AND (
((X1+Y1) MOD 2)=0 OR X1=X OR Y1=Y)):UN
TIL OK:C=231:C1=0:GOSUB 2000:ENDIF :GO
TO 100
1000 TRAP Q:REPEAT :INPUT I$:X=ASC(I$(
1,1))-65:Y=ASC(I$(2,2))-49:UNTIL X>=0
AND X<6 AND Y>=0 AND Y<6:LOCATE X*2+1,
Y*2+1,C:TRAP 32768:RETURN
2000 POSITION X1*2+1,Y1*2+1:? #6;" ":P
OSITION X*2+1,Y*2+1:? #6;CHR$(C):IF C1
=231:POSITION GX,GY:? #6;" ":K=K+1:END
IF :RETURN
```

BLUESJAM

Programmiert von Kevin Savetz

Man kann damit spielen, aber es ist kein Spiel, war die Meinung einiger Leute im AtariAge-Forum im betreffenden Thread über den Wettbewerb und forderten damit indirekt eine Disqualifizierung des Programms. Ich möchte mir nicht anmaßen zu beurteilen, wann ein Spiel ein Spiel ist. Das ist eher eine philosophische Frage. Das sollte den Besuchern der NOMAM vorbehalten sein, die mit ihren Wertungen über den Ausgang des Wettbewerbs entschieden.

BluesJam spielt automatisch eine 12-Takt-Blues-Akkordfolge mit den zwölf wichtigsten Akkorden des Blues. Mit der Taste K ändert man den Grundakkord. Mit dem Joystick kann man die Solo-Stimme verändern – drückt man nach rechts, erhöht sich die Note, nach links erniedrigt sie sich. Bei einem Druck auf den Joystickknopf wird die ausgewählte Note gespielt. BluesJam war der erste Beitrag von Kevin Savetz, der nur vier Tage benötigte, um sich mit Turbo Basic XL vertraut zu machen.

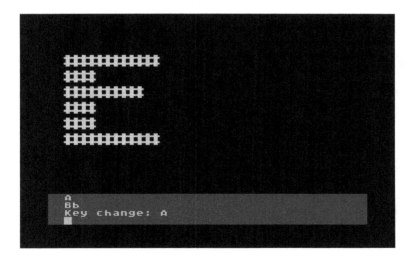

DAS LISTING

```
1 GRAPHICS 2:DIM S(51),P(12),BS(20),CN
$(27):NT=7:TP=RAND(12):CN$=" B C DbD E
bE F GbG AbA BbB ":? "Key of ";CN$(TP*
2+2,TP*2+3)
2 DATA 255,243,230,217,204,193,182,172
,162,153,144,136,128,121,114,108,102,9
6,91,85,81,76,72,68,64,60,57,53,50,47,
45
3 ? "K:changeKey|JoystickÈ←È→:play":DA
TA 42,40,37,35,33,31,29,28,26,25,23,22
,21,19,18,17,16,15,14,0,1,6,1,1,6,6,1,
1,8,6,1,8
4 POKE 710,130:C=1:X=1:WHILE C:READ C:
5(X)=C:X=X+1:WEND :FOR X=1 TO 12:READ
C:P(X)=C:NEXT X:FOR X=1 TO 19:READ C:B
S(X)=C:NEXT X
5 COLOR 3:WHILE PEEK(764)<>47:FOR X=1
TO 12:Y=P(X)+TP:GOSUB 9:FOR QQ=1 TO 4:
Z=STICK(0):DX=(Z=7)-(Z=11):NT=NT+DX:IF
 NT<1:NT=1
6 ENDIF :IF NT>19 OR 13+TP+BS(NT)>50:N
T=NT-1:ENDIF :Q=P(1)+TP+BS(NT):IF Z<>1
5:GOSUB 10:? CN$(Q*2,Q*2+1):ENDIF
7 GOSUB 10:IF STRIG(0)=0:SOUND 3,5(13+
TP+BS(NT)),10,10:ELSE :SOUND 3,0,0,0:E
NDIF :PAUSE 10:NEXT QQ
8 SOUND :IF PEEK(764)=5:Q=TP+5:GOSUB 1
0:TP=Q:NT=7:POKE 764,255:? "Key change
: ";CN$(Q*2+2,Q*2+3):ENDIF :NEXT X:WEN
D :GRAPHICS 0:END
9 Q=Y:GOSUB 10:TEXT 0,0,CN$(Q*2,Q*2+1)
:SOUND 0,5(Y),10,10:Q=Y+4:GOSUB 10:SOU
ND 1,5(Q),10,6:Q=Y+10:GOSUB 10:SOUND 2
,5(Q),10,6:RETURN
10 WHILE Q>12:Q=Q-12:WEND :RETURN :DAT
A 0,3,5,6,7,10,12,15,17,18,19,22,24,27
,29,30,31,34,36,0,LISTEN TO AtariPodca
st.com
```

CARRERA

Programmiert von Daniel Serpell

Rennspiele erfreuten sich schon seit jeher großer Beliebtheit auf Home-computern und Spielkonsolen. Diese Variante von Daniel Serpell ist wahrscheinlich die mit dem wenigsten Code; aber gewiss nicht die schlechteste. Daniel kam mit nur sieben Zeilen aus.

Ziel ist es, mit dem Rennwagen auf der Straße zu bleiben. Dies gelingt, indem man mit dem Joystick nach links und rechts steuert und dem Stra-ßenverlauf folgt. Je länger man auf der Straße bleiben kann, desto mehr Punkte hat man am Schluss.

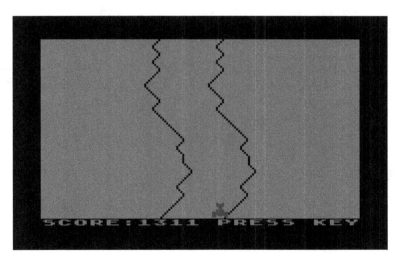

Seinen Atari hat Daniel Serpell bereits seit 1984 und programmierte ein-fache Spiele, Lernprogramme und Animationen. Leider sind die meisten Sachen im Laufe der Zeit verloren gegangen. Carrera war eines der Spie-le, die er schon mal programmiert hatte. Er erinnerte sich an das Kon-zept, fügte einen prozeduralen Sound-Algorithmus hinzu und schrieb es erneut – in nur sieben Zeilen! Seine Erfahrungen in der Programmierung des Atari-Rechners nutzte er beruflich. Er programmiert visuelle Algo-rithmen in Embedded Systemen.

DAS LISTING

```
0 GRAPHICS 28:R=15:V=0.9:POKE 756,184:
MOVE $E000,$B800,768:POKE $B400,0:MOVE
 $B400,$B401,255:M=DPEEK(88):POKE 559,
58:POKE 623,2
1 MOVE ADR("UUUUUUUUf f f f d"d"d"d"&
& & & d"a E  TTRQFI& & FIRQTT E a d
"),$BA00,64:SETCOLOR 1,11,4:SETCOLOR 0
,0,6:POKE $BB9C,6
2 X=80:MOVE ADR("$<<< <(>>>C"),$B4
C8,R:POKE $D01D,2:POKE 704,66:POKE $D4
07,176:POKE M,65:MOVE M,M+1,39:POKE $D
01E,0:GOTO 4
3 V=V*0.998:S=STICK(0):X=X+(S&4)-0.5*(
S&8):POKE $D000,46+X:POSITION 6,23:? #
6;T:T=T+1:-MOVE M,M+40,880
4 IF RND>V:IF RND>0.5 AND R>0 OR R>28:
MOVE ADR("G@@@@@@@FA"),M+R,10:R=R-1:EL
SE :MOVE ADR("AD@@@@@@@E"),M+R,10:R=R+
1:ENDIF :ELSE

5 MOVE ADR("B@@@@@@@@C"),M+R,10:ENDIF
:SOUND 0,(TIME DIV 8) EXOR (TIME DIV 1
0)&127+40,10,6:IF PEEK($D004)<2 THEN G
OTO 3
6 SOUND :A=15:FOR I=0 TO 400:SOUND 0,2
00,8,A:A=A*0.99:NEXT I:POSITION 0,23:?
 #6;"score:";T;" press key";:GET T:RUN


READY
```

CATCH

Programmiert von Chris Read
Bälle zu fangen ist wohl eines der ersten Spiele, die man im Leben lernt.
Für Chris Read war es das erste Spiel, das er auf dem Atari entwarf.
Mit dem Joystick steuert man einen kleinen Fanghandschuh, der sich am
unteren Bildschirmrand nach links und rechts bewegt. Von oben kommen nacheinander Bälle geflogen. Während man die ersten zehn Bälle
noch mit Leichtigkeit fängt, wird es ab dem fünfzehnten Ball ganz schön
schwierig. Die Fallgeschwindigkeit steigt mit jedem gefangenen Ball.

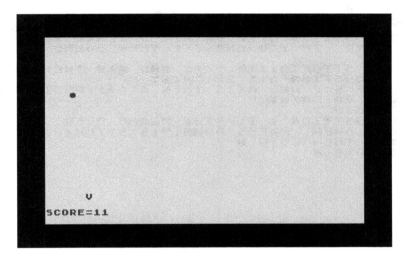

Chris ist unter dem Pseudonym "atari2600land" in der Atari-Szene bekannt. Sein Fokus richtete sich bisher, wie es sein Nickname schon an-
deutet, auf das Atari 2600. Im AtariAge-Forum ist es jedoch nur ein kurz-
er Weg von 2600 zu XL/XE. Seine Neugierde auf andere Systeme wurde
anscheinend so groß, dass er sich einen Atari Homecomputer zulegte und
sofort mit der BASIC-Programmierung anfing. Der Wettbewerb kam ihm
gerade recht und nach nur wenigen Tagen des Besitzes eines Atari-Com-
puters lieferte er bei mir sein erstes Spiel ab.
http://www.atari2600land.com/

DAS LISTING

```
0 CLS :W=-1:SETCOLOR 2,17,12:SETCOLOR
1,10,2:V=20:Z=3:A=7
1 X=RAND(15):V=V-1:Y=0:W=W+1:IF V<2 TH
EN V=2
2 POSITION X,Y:PUT 20:POSITION 0,22:PR
INT "SCORE=":POSITION 6,22:PRINT W:IF
X=A AND Y=20 THEN GOTO 1
3 Z=Z+1:IF Z=V THEN Z=0:Y=Y+1:POSITION
 X,Y-1:PRINT " ":IF Y=21 THEN GOTO 8
4 POSITION A,20:PRINT "V":POKE 752,1:D
SOUND :IF Y=0 AND Z<2 THEN SOUND 1,12,
12,8
5 S=STICK(0):IF S=11 AND A>0 THEN A=A-
1:POSITION A+1,20:PRINT " "
6 IF S=7 AND A<15 THEN A=A+1:POSITION
A-1,20:PRINT " "
7 GOTO 2
8 POSITION 1,1:PRINT "GAME OVER. TO ST
ART ANEW, PRESS DOWN.":S=STICK(0):IF S
=13 THEN GOTO 0
9 GOTO 8
```

COLFUSION

Programmiert von Christian Krüger
Ein Begriff ist im Gehirn fest an einem Bild gekoppelt. Lesen wir bei-
spielsweise den Begriff "rot", dann wird unwillkürlich die Assoziation zur
Farbe Rot hergestellt. Christian Krüger stellt unser Gehirn auf eine harte
Probe. Er färbte in seinem Spiel den Begriff "rot" sowohl rot als auch in
den Farben Grün, Gelb und Blau. Wird der Begriff in der richtigen Farbe
dargestellt, dann muss der Spieler RETURN auf der Tastatur drücken,
andernfalls die Leertaste (SPACE). Nach einer vorgegebenen Zeit endet
das Spiel und die Anzahl der richtigen Treffer wird angezeigt.

Christian Krüger ist längst nicht mehr "Irgendwer" in der Atari-8-Bit-
Szene, sondern ein "Jemand". Mit den Spielen Eckn und Eckn+, dem
Textviewer Seitensprung, dem Mausadapter CMI08 und als Experte für
das Grafikprogramm Graph2Font hat er sich einen vielbeachteten Namen gemacht.

DAS LISTING

```
1 DIM S$(20):HI=-1000:GRAPHICS 18:FOR
R=708 TO 711:READ C:POKE R,C:NEXT R:PA
L=(PEEK(53268)=1):TL=240-PAL*168:TH=0+
PAL*3:O=0:FOR S=5 TO 10:GOSUB 9:NEXT S

2 S=13:O=0:GOSUB 9:POKE 764,255:FOR I=
0 TO 1:I=(PEEK(764)<>255):NEXT I:PTS=0
:DUR=0:GOSUB 10:POKE 20,TL:POKE 19,TH:
DATA 254,50,116,184
3 S=4:O=0:GOSUB 9:S=INT(RND(0)*4):SAME
=RND(0)>0.5:C=SAME*S+(SAME<1)*INT(RND(
0)*4):C=C-(SAME<1)*(C=S):C=C+(C<0)*3
4 O=C*32+(C>1)*64:GOSUB 9:POKE 764,255
:DATA 8,8,GELB,8,8,ROT,8,8,BLAU,7,8,GR
UEN,6,8,          ,5,0,CoLFUSIOn!,5,1,
--------

5 IF PEEK(19)>14 THEN S=11:O=0:GOSUB 9
:HI=(PTS>HI)*PTS+(PTS<HI)*HI:S=12:O=0:
GOSUB 9:POSITION 11,11:? #6;HI;"      ":
FOR T=0 TO 1:T=(PEEK(19)=16):NEXT T:GO
TO 2
6 IF PEEK(764)=255 THEN 5:DATA 2,2,PAS
SEN NAME UND,2,3,FARBE? (1 MIN.),0,5,R
ETURN=JA SPACE=NEIN
7 IF (SAME=1 AND PEEK(764)=12) OR (SAM
E=0 AND PEEK(764)=33) THEN PTS=PTS+1:S
OUND 0,80,10,10:DUR=9:GOSUB 10:GOTO 3
8 SOUND 0,120,12,10:PTS=PTS-5:DUR=75:G
OSUB 10:GOTO 3:DATA 7,10,PTS:,6,8,game
  over,8,11,HI:,6,8, <TASTE>
9 RESTORE 4:FOR I=1 TO S+1:READ X:READ
 Y:READ S$:NEXT I:POSITION X,Y:FOR I=1
 TO LEN(S$):? #6;CHR$(ASC(S$(I,I))+O);
:NEXT I:RETURN

10 POSITION 11,10:? #6;PTS;"       ";:FO
R I=0 TO DUR:NEXT I:SOUND 0,0,0,0:RETU
RN :REM COLFUSION! BY C.KRUEGER,10L.
2014
```

COUNT1NG ZOO

Programmiert von Ingo Boller
Auszusprechen ist das Spiel "Counting Zoo", auf Deutsch ungefähr mit "Zähl-Zoo" zu übersetzen. Dem Namen nach zu urteilen hört sich das Spiel wie ein einfaches Kinder-Zähl-Spiel an. Aber weit gefehlt. Hinter dem Namen verbirgt sich ein höchst innovatives und schwieriges Merkspiel. Spielen muss man das Spiel mit einem Multijoy-Adapter und bis zu 16 Personen. Das Spielprinzip ist relativ einfach: Vier Zootiere marschieren hinter eine Box und ein bis vier Tiere kommen wieder hervor. Hört sich einfach an, ist es aber nicht. Denn während einige Tiere wieder hinter der Box hervorkommen und den Bildschirm verlassen, kommen wieder neue Tiere, die hinter der Box verschwinden. Man muss also gleichzeitig die ankommenden und weglaufenden Tiere im Auge behalten und am Ende jeder Runde mit dem Joystick die Anzahl der sich hinter der Box befindlichen Tiere bestimmen: Dazu drückt man den Joystick nach oben bei einem Tier, nach rechts bei zwei, nach unten bei drei und nach links bei vier Tieren.

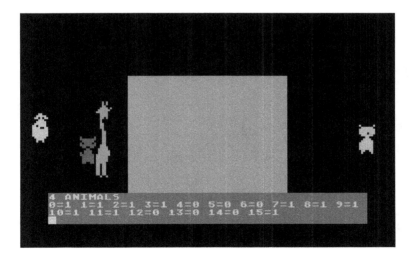

In der internationalen Atari-Szene ist Ingo als "1NG" wenig bekannt. Bekannt wurden seine Beiträge zum ABBUC Softwarewettbewerb "Sheriffs Job" und "Box1ng" als Teil der "BASIC Tenliners 2013". National ist er als aktives ABBUC-Mitglied bekannt und beliebt. Er kommt zu jedem lokalen Treffen der Regionalgruppe Nord des ABBUC und verblüfft immer wieder mit Programmiertricks.

DAS LISTING

```
1 DIM P(4),Q(16),S(16):L=2:H=53248:DAT
A 39,EBEBIBNDOHMPMDMDEDACACADADADABIBI
BIBIBIBIBIBIDMDMHOHOHOPMPMPMPIPININININI
NININEC
2 GRAPHICS 8:GRAPHICS 3:DATA 15,IBODLG
MBODOHONDPPPPPPPPPPOHMDEC,15,BIOHPPPPHP
OHIBMDOHOPOPOPOPGGCE,14,BIPPOHNLPPGGIB
MDMLOPOHOHOHGG,1,AA
3 POKE 54018,48:W=0:A=PEEK(106)-20:POK
E 54279,A:M=256*A:POKE 559,46:POKE 532
77,3:POKE 623,8:I=M+426:DIM G$(80):P=5
3768:U=128
4 E=0:I=I+134:READ Z,G$:FOR J=1 TO Z:P
OKE I+J,ASC(G$(J+J-1,J+J-1))-65+(ASC(G
$(J+J,J+J))-65)*16:NEXT J:W=0:IF I<M+1
024 THEN 4
5 POKE 54016,240:POKE 54018,52:? :COLO
R 1:FOR I=5 TO 19:PLOT 10,I:DRAWTO 29,
I:NEXT I:DPOKE 704,6744:DPOKE 706,5849
0:SOUND 0,120,10,9:POKE 82,0

6 E=E+1:N=RAND(5):R=RAND(4):P(R)=P(R)+
32*(E<192 AND N=0 AND ((P(R)&127)=0))
7 FOR I=0 TO 3:P(I)=P(I)+((P(I)&127)>0
)*L:P(I)=P(I)*(P(I)<224):POKE H+I,P(I)
:NEXT I:SOUND 1,121,10,10:POKE P,E&63:
IF E<255 THEN 6
8 E=(P(0)=U)+(P(1)=U)+(P(2)=U)+(P(3)=U
):FOR J=0 TO 999:NEXT J:FOR I=0 TO 15:
POKE $D300,I*16:S=PEEK($D300)&15:T=PEE
K($D010)
9     POKE $D300,255:Q(I)=(S=14)+(S=13)*
3+(S=11)*4+(S=7)*2:NEXT I:? E;" ANIMAL
S":COLOR 0:FOR I=5 TO 19:PLOT 10,24-I:
DRAWTO 29,24-I:NEXT I
10 FOR I=0 TO 15:S(I)=S(I)+(E=Q(I)):?
I;"=";S(I);" ";:W=W+(S(I)>4):NEXT I:FO
R J=0 TO 5000:NEXT J:L=L+2*(L<4):IF W=
0 THEN 5
```

DODGE RACER

Programmiert von Reaperman
Und noch ein Rennspiel! Der Rennwagen wird in diesem Spiel als ein einziger Pixel dargestellt. Ziel des Spiels ist es, eine möglichst weite Strecke zurückzulegen. Jeder zurückgelegte Meter erhöht das Punktekonto um einen Punkt, jede vollendete Runde um 100 Punkte. Mit fortschreitender Spieldauer wird es immer schwieriger: Es erscheinen immer mehr Hindernisse auf der Rennbahn, mit denen man nicht kollidieren darf. Auch die Berührung des Randsteins beendet das Rennen augenblicklich.

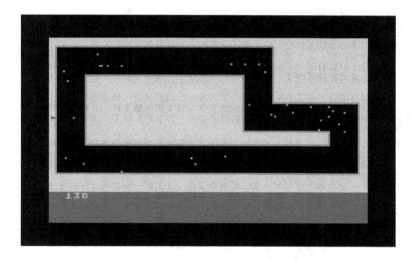

Obwohl Reaperman schon einen Atari 800 XL seit frühester Kindheit besitzt, hat er sich bisher noch nicht an die Programmierung seines alten Rechners gewagt. Unser kleiner BASIC-Wettbewerb hat ihn jedoch so inspiriert, dass er gleich loslegte und seine ersten Spiele programmierte. Dodge Racer war nach Grue Killer sein zweites Spiel und entstand nach nur wenigen Tagen des Lernens. Reaperman ist ein aktives Forumsmitglied von AtariAge und meldet sich zu vielfältigen Themen zu Wort.

Das Listing

```
0 D=1:W=0:F=1:P=0:H=0:DIM G$(44),J$(7)
 ,Q$(7),U$(18):G$="DODGE RACER   (PRESS
 FIRE)":J$="SCORE:  ":Q$="  HIGH:  "
1 GRAPHICS 7:C=80:V=66:X=80:Y=66:COLOR
 1:PLOT 3,70:DRAWTO 155,70:DRAWTO 155,
33:DRAWTO 112,33:DRAWTO 112,4:DRAWTO 3
,4:DRAWTO 3,70:PLOT 18,55:DRAWTO 140,5
5
2 DRAWTO 140,48:DRAWTO 97,48:DRAWTO 97
,19:DRAWTO 18,19:DRAWTO 18,55:COLOR 2:
PAINT 0,0:SOUND :POKE 752,1:? G$:? J$;
P:? Q$;H:PAINT 19,20:GOTO 4
3 V=40:CIRCLE 45,36,20:CIRCLE 45,36,35
:CIRCLE 113,36,20:CIRCLE 113,36,35:COL
OR 0:PLOT 79,29:DRAWTO 79,43:SOUND :CO
LOR 2:PAINT 0,0:PAINT 45,35:PAINT 113,
35
4 T=STRIG(0):IF T=0:SOUND 0,60,2,2:POK
E 77,0:I=0:N=1:GOTO 5:ENDIF :U$="WELCO
ME TO LEVEL 2":COLOR 3:PLOT 1,41:PLOT
2,41:GOTO 4
5 S=STICK(0):IF S=7:D=1:ENDIF :IF S=11
:D=2:ENDIF :IF S=14:D=3:ENDIF :IF S=13
:D=4:ENDIF :IF D=1:X=X+1:ENDIF :IF D=2
:X=X-1:ENDIF
6 IF D=3:Y=Y-1:ENDIF :IF D=4:Y=Y+1:END
IF :LOCATE X,Y,W:A=RAND(155):B=RAND(70
):IF Y=41 AND X<40 AND I=1:I=0:P=P+(10
0*N)
7    N=N+1:SOUND 1,0,2,5:ENDIF :IF Y=33
 AND X>97:I=1:ENDIF :LOCATE A,B,L:IF L
=0 AND F>10:COLOR 1:PLOT A,B:SOUND 1,5
0,4,4:F=1:P=P+N:CLS :? P
8    IF P>=H:H=P:ENDIF :SOUND 1,0,0,0:E
NDIF :IF W=1:GOTO 9:ENDIF :IF F=0:P=0:
ENDIF :COLOR 2:PLOT X,Y:COLOR 0:PLOT C
,V:C=X:V=Y:F=F+1:GOTO 5
9 SOUND 0,20,0,6:F=0:D=1:W=0:G$="GAME
OVER":COLOR 1:IF P>999:GRAPHICS 7:POKE
 752,1:? U$:? J$;P:? Q$;H:X=68:C=68:Y=
40:GOTO 3:ENDIF :GOTO 1
```

ESCAPE 10

Programmiert von Gary Ryan

Ohne Laserkanone muss man bei dem Weltraumspiel von "Rybags" aus-
kommen. Das Raumschiff fliegt am linken Spielfeldrand los und bewegt
sich gleichmäßig auf den rechten zu. Dort befindet sich ein kleine Lücke
im Rand (Rand?), durch das man fliegen muss, um in den nächsten Level
zu gelangen. Auf dem Weg zum Ziel muss man ein paar Asteroiden um-
fliegen, indem man im richtigen Moment den Joystick nach oben oder
unten bewegt. In jedem Level werden es mehr Asteroiden und damit wird
die Aufgabe immer schwieriger. Damit es nicht zu schwierig wird, kann
man auf dem Weg noch Extras einsammeln: "L" für ein Extraleben und
"I" für einen kurzen Moment der Unverwundbarkeit.

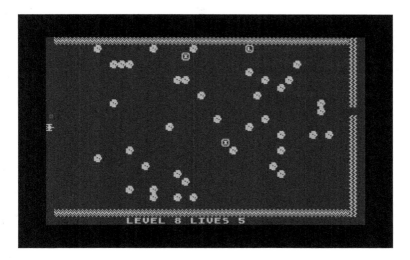

Gary ist wohl der aktivste Atari-User Australiens. Über 12.000 AtariAge-
Beiträge stehen auf seinem Konto. Damit wird wohl jeder regelmäßige
Besucher des Forums schon mal etwas von ihm gelesen haben. In den
vergangenen Jahren war er einer der wenigen Programmierer, die das Vi-
deoboard XE (VBXE) mit Software versorgt haben (Quadrillion, Moon
Cresta, Stellar Shuttle, MemoPad 480i). Aber schon 1984 machte er sich
einen Namen mit seinem Buch "More Games for the Atari 600 XL", in

dem er Abtipplistings in BASIC veröffentlichte.

DAS LISTING

```
10 GRAPHICS 0:DIM C$(56):READ C$:GOSUB
   95:POKE 752,1:POKE 710,2:COLOR 36:PLO
T 1,0:DRAWTO 37,0:PLOT 1,22:DRAWTO 37,
22:COLOR 37:PLOT 38,0:DRAWTO 38,23:M=5

20 L=L+1:POSITION 10,23:? "LEVEL ";L;"
   LIVES ";M;:FOR Z=1 TO 10:COLOR 32+(Z>
5)*2:GOSUB 90:NEXT Z:IF L/3=INT(L/3) T
HEN COLOR 38:GOSUB 90
30 X=0:Y=11:H=0:I=0:COLOR 37:PLOT 38,E
:E=2+INT(RND(0)*18):COLOR 39:PLOT 38,E
:IF L/8=INT(L/8) THEN COLOR 35:GOSUB 9
0
40 OX=X:OY=Y:X=X+H:S=STICK(0):Y=Y+(H A
ND S=13)-(H AND S=14):H=H OR (NOT STRI
G(0)):PAUSE 3
50 COLOR 32:PLOT OX,OY:LOCATE X,Y,U:IF
   U=32 THEN COLOR 33:PLOT X,Y:GOTO 40
60 X=X*(X<38):M=M+(U=35):G=20*(U=39)+4
0*(U=35):GOTO G+70*(NOT G):REM IF U=45
   THEN 20

70 COLOR 32:PLOT (U=34 OR U=38)*X,Y:M=
M-(U<>38 AND I=0):I=I+(U=38):IF M>0 TH
EN GOTO 20+20*(U=38 OR (I AND X))
80 POSITION 12,0:? " GAME OVER ";:FOR
Z=1 TO 2 STEP 0:Z=Z+STRIG(0):NEXT Z:FO
R Z=1 TO 2 STEP 0:Z=Z+(NOT (STRIG(0)))
:NEXT Z:RUN
90 PLOT 5+INT(RND(0)*31),1+INT(RND(0)*
20):RETURN :DATA ▮▮08▶80▮▮<>▮◻▮▮<◀▮▮▮▮
◻◀▮U▮▮w▮U"3 f▮f3 f▮f◀◻▬▮ ▮▮◻◀♥♥♥♥♥♥♥♥♥
95 FOR A=32768 TO 32768+1023:POKE A,PE
EK(A+24576):NEXT A:FOR A=1 TO 56:POKE
32776+A,ASC(C$(A,A)):NEXT A:POKE 756,1
28:RETURN
```

FUKY BIRD

Programmiert von Ingo Boller
Flappy Bird ist ein unerträglich verwirrendes, schwieriges und frustrie-
rendes Spiel mit langweiliger Grafik und einer schlechten Steuerung. Die
idealen Voraussetzungen um einen weltumspannenden Hype auszulösen.
Dem Entwickler des Spiels wurde der Hype wohl zu unheimlich. Er ließ
das Spiel aus den App-Stores von Apple und Google entfernen. Grund:
hohes Suchtpotenzial. Alle Süchtigen müssen sich gegen die Entzugser-
scheinungen wohl jetzt einen Atari kaufen und 1NGs Fuky Bird spielen.
Atarianern erscheint die Steuerung auch nicht so ungewöhnlich –
schließlich haben sie schon vor 30 Jahren stundenlang Joust gespielt. Bei
jedem Druck auf den Joystickbutton steigt der kleine Vogel etwas auf,
ohne Betätigung desselben sinkt er. Gar nicht so leicht, damit die kleinen
Öffnungen in den Rohren zu durchfliegen.

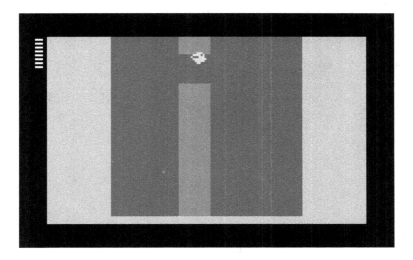

DAS LISTING

```
1 GRAPHICS 24:GRAPHICS 19:L=23:A=PEEK(
106)-20:H=53248:POKE 54279,A:M=256*A:P
OKE 559,46:POKE 53277,3:DATA 6,MBKHOHP
IOPIB,6,MBKHOIPHODIB
2 FOR I=M-512 TO M-512+128:POKE I,255:
POKE I+128+16,255:NEXT I:POKE 623,8:I=
M:DIM G$(80):P=53768:U=128:I=M+134:FOR
 K=0 TO 1:READ Z,G$
3    FOR J=1 TO Z:POKE I+J,ASC(G$(J+J-1
,J+J-1))-65+(ASC(G$(J+J,J+J))-65)*16:N
EXT J:I=I+58:NEXT K:POKE 704,220:FOR I
=1 TO 3:POKE 704+I,182
4    POKE $D008+I,1:POKE H+I,I*85:NEXT
I:POKE H,120:POKE $D01E,0:V=0:U=1:COLO
R 2:FOR I=0 TO L:PLOT 0,I:DRAWTO 7+(I=
L)*30,I:PLOT 32,I:DRAWTO 39,I
5 NEXT I:COLOR 3:PAINT 25,15:Y=48:R=$F
000:X=9:P=-1:S=M+640+256+16:POKE H+3,3
0:POKE 707,15
6 SOUND 0,2,8,Q:Q=Q-(Q>0):POKE H+1,X&1
27+64:POKE H+2,(X+64)&127+64:Y=Y+V:Y=(
Y>=0)*Y:IF PEEK($D00C)>0 OR PEEK($D004
)&11>0 THEN 6
7 MOVE M+134-26+T*58,M+426+96-26+Y,58:
T=STRIG(0):IF T=0 AND U<>T THEN Q=10:V
=V-0.8:IF V>-0.8 THEN V=-0.8
8 V=V+0.04:X=X-0.5:U=T:IF (X=128) THEN
 R=R+1:MOVE M-512+128-PEEK(R)/4,M+640+
16,96:P=P+2:POKE S+P&127,P&128+3
9 IF (X<64) THEN X=192:R=R+1:MOVE M-51
2+120-PEEK(R)/4,M+640+128+16,96:P=P+2:
POKE S+P&127,P&128+3
10 GOTO 6
```

GRUE KILLER

Programmiert von Reaperman
"It is pitch black. You are likely to be eaten by a grue. "
Da war doch was?! Etwas, dass meine panische Angst vor der Dunkelheit
erklärt! Ja, ich habe es lange Zeit verdrängt: ZORK! Immer, wenn ich in
dunkle Räume kam, war er mir dicht auf den Fersen: der Grue, der mich
fressen wollte. Dank Reaperman kann ich mich endlich wehren. Ich kann
ihn bekämpfen. Aber habe ich den einen getötet, kommt schon der
nächste; und meine Energie neigt sich dem Ende entgegen, da helfen auf
Dauer auch die vier Heiltränke nicht.
Grue Killer ist eine rundenbasierte Kampfsimulation, wie sie häufig in
Rollenspielen vorkommt.

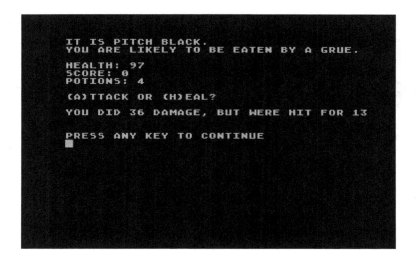

DAS LISTING

```
1 DIM K$(1):DIM Y$(13):Y$="FINAL SCORE
: ":DIM U$(13):U$="HIGH SCORE:   ":B=0:
S=0:H=100:P=4:E=100:GOTO 9
2 OPEN #5,4,0,"K:":I=PEEK(764):IF I=25
5:CLOSE #5:GOTO 2:ENDIF :GET #5,I:CLOS
E #5:K$=CHR$(I):RETURN
3 PRINT :PRINT "HEALTH: ";H:PRINT "SCO
RE: ";S:PRINT "POTIONS: ";P:PRINT :PRI
NT "(A)TTACK OR (H)EAL?":D=RAND(48):M=
RAND(25)
4 GOSUB 2:IF K$="H" AND P>0 THEN Z=D+M
:H=H+Z:PRINT "HEALED FOR ";Z;" HIT POI
NTS":P=P-1
5 IF K$="A" THEN E=E-D:H=H-M:PRINT :PR
INT "YOU DID ";D;" DAMAGE, BUT WERE HI
T FOR ";M:IF D>40 THEN 10
6 IF E<1 AND H>0 THEN PRINT :PRINT "YO
U HAVE DEFEATED THE GRUE!":S=S+100:E=1
00:IF D>40 THEN P=P+1:PRINT "FOUND A P
OTION!"

7 IF H<1 THEN PRINT :PRINT "SORRY, YOU
 DIED!":PRINT Y$;S:PRINT U$;B:GOSUB 2:
S=0:H=100:P=4:E=100:GRAPHICS 0:SETCOLO
R 2,0,0:GOTO 9
8 IF H>99:H=100:ENDIF :PRINT :PRINT "P
RESS ANY KEY TO CONTINUE":GOSUB 2
9 IF S>B:B=S:ENDIF :GRAPHICS 0:SETCOLO
R 2,0,0:PRINT "IT IS PITCH BLACK.":PRI
NT "YOU ARE LIKELY TO BE EATEN BY A GR
UE.":GOTO 3
10 PRINT "CRITICAL HIT!":SETCOLOR 2,3,
4:SOUND 0,150,8,4:FOR L=1 TO 499:NEXT
L:SOUND 0,0,0,0:SETCOLOR 2,0,0:GOTO 6
```

GWOBBY MICRO

Programmiert von Jason Kendall
Die Geschichte um Gwobby, dem kleinen Wildwest-Helden geht weiter. Nach "Gwobby's Adventure" und "Gwobby Strikes Back" ist "Gwobby Micro" der dritte Teil der Saga um Gwobby, der seine Frau aus den Fängen des bösen Kaisers Nyorb befreien will. Die Spielmechanik lehnt sich an den ersten Teil "Gwobby's Adventure" an. Man muss möglichst schnell einen Weg zum Ausgang (#) bauen. Mit Joystickdruck nach oben baut man eine Treppenstufe hinauf, drückt man nach unten, wird eine Stufe hinab gebaut. Drückt man nach rechts, wird der Weg auf gerader Ebene weiter gebaut. Lässt man sich zu viel Zeit und hat den korrekten Weg nicht rechtzeitig gebaut, so rennt Gwobby in sein Verderben und verliert eines seiner drei Leben. Einen Level beendet man, wenn man den Ausgang erreicht. In jedem Level kommt Gwobby etwas eher und ist etwas schneller.

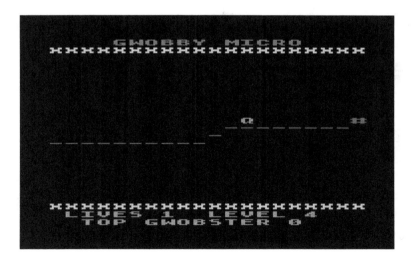

Jason Kendall ist ein Aktivposten der internationalen Atari-Szene. Seit einigen Jahren leitet er nun schon den Highscore-Club im englischsprachigen Forum AtariAge, das er unter dem Namen "therealbountybob" besucht. Am ABBUC-Softwarewettbewerb beteiligt sich Jason regelmäßig. Neben den schon genannten Abenteuern um Gwobby reichte er noch "Gorilla Warfare" 2009 zum Wettbewerb ein.

DAS LISTING

```
1 ? #6;"▮       gwobby micro":FOR Z=0 TO
19:POSITION Z,1:? #6;"x":POSITION Z,21
:? #6;"x":NEXT Z:SOUND
2 G=(L>90):H=0:I=0:X=0:POSITION 1,22:?
 #6;"LIVES ";V;"    LEVEL ";L:? #6;"    TO
P GWOBSTER ";R;:IF L+STRIG(0)+PEEK(532
79)=9 THEN 2
3 T=51-L*2*(L<17)-(L+16)*(L>16):Y=INT(
RND(0)*18)+3:J=0:K=Y-1:POSITION 19,(RN
D(0)*16)+3:? #6;"▮":POSITION X,Y:? #6;
"▮"
4 S=STICK(0):A=X:B=Y:IF X<18 THEN X=X+
(S=7)+(S=13)+(S=14):Y=Y+(S=13)*(Y<20)-
(S=14)*(Y>3):POSITION X,Y:? #6;"▮":IF
NOT G THEN 9
5 POSITION H,I:? #6;" ":POSITION J,K:?
 #6;"Q":I=K:J=J+1:LOCATE J,K,W:LOC
ATE J,K+1,U:K=K-(W=173)+(W=32)*(U=32)
6 SOUND 0,J+K,6,J/1.3:LOCATE J,K+1,U:L
OCATE J,K,W:L=L+(W=163):Z=9*((U<>32)*(
J<19))+8*(W=163):IF Z THEN GOTO Z
7 V=V-1:FOR Z=K TO 20 STEP 0.05:POSITI
ON J,Z:? #6;"Q":POSITION H,I:? #6;" ":
SOUND 0,Z,10,Z/2:H=J:I=Z:NEXT Z:PAUSE
K:SOUND :PAUSE 200*(V=0):GOTO 0+(V>0)
8 POSITION J-1,K:? #6;" ▮":FOR Z=90 TO
 0 STEP -1.5:SOUND 0,Z,10,8:SETCOLOR 4
,Z,Z:PAUSE 1:SOUND :NEXT Z:GOTO 1-(L=1
00)
9 T=T-1:G=(X>12) OR (T<1):FOR D=0 TO 2
21-29*(G>0)-L*3*(L<51)-150*(L>50):NEXT
D:POKE 77,0:GOTO 4
```

JOYAS

Programmiert von Daniel Serpell

"Bejeweled"-Spiele gibt es schon seit mehr als zehn Jahren für das kurze Spiel zwischendurch im Webbrowser oder auf dem Handy. Auch auf dem Atari gab es schon Spiele dieses Spielprinzips. Aber dass es möglich ist, Bejeweled in zehn Zeilen BASIC zu schreiben, hat wohl niemand für möglich gehalten.

Zwei benachbarte Edelsteine können ihre Plätze tauschen, wenn danach eine Reihe mit drei oder mehr Steinen der gleichen Art entsteht. Die Reihe verschwindet und man bekommt einen Punkt für eine abgeräumte 3er-Reihe, einen zusätzlichen Punkt für jeden weiteren Stein in der Reihe. Von oben fallen dann neue Steine in die frei gewordenen Lücken. Das Spiel endet, wenn die Anzahl der Züge die Punktzahl übersteigt.

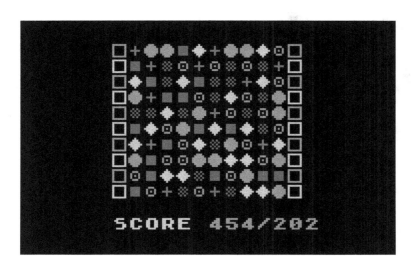

DAS LISTING

```
1 MOVE $E000,$BC00,512:N=5+16:E=5+154:
51=DPEEK(88)+3:POKE 756,188:POKE 559,3
3
2 MOVE ADR("█████████▓♥♥8DTD8♥♥♣8|█|8♣♥♥|
|||♥♥♣♣|♣♣♥♥8|███|8♥♥(T(T(♥♥♥♥♥♥♥♥♥♥
"),$BC08,64
3 MOVE 5-3,51-3,160:POSITION 18,8:? #6
;"score ";PT;"/";TT:SOUND :IF PT<TT:PO
SITION 2,8:? #6;"game over":GET K:RUN
:ENDIF
4 P=INSTR(B$,"◢",19):IF P:P=P+ADR(B$)-
1:WHILE P>N:MOVE P-16,P,1:P=P-16:WEND
:MOVE ADR(K$)+RAND(6),P,1:GOTO 3:ENDIF

5 Q=0:FOR X=51 TO 51+151:P=PEEK(X):IF
P*257=DPEEK(X+1):Y=X-51+5:DPOKE Y,$080
8:POKE Y+2,8:Q=Q+1:ENDIF
6   IF P=PEEK(X+16) AND P=PEEK(X+32):Y
=X-51+5:POKE Y,8:POKE Y+16,8:POKE Y+32
,8:Q=Q+1:ENDIF :NEXT X:PT=PT+Q:IF Q

7 MOVE 5,51,157:FOR I=0 TO 3:SOUND 1,8
0,0,10-I*3:MOVE I*8+ADR("♥♥♥8T8♥♥♥♥$@─
◢D♥♥B♥█♥┝♥█ ♥♥♥♥♥♥♥"),$BC40,8:PAUSE 4:
NEXT I:GOTO 3:ENDIF
8 POKE PL+51,1:PAUSE 1:MOVE PL+5,PL+51
,1:PAUSE 1:X=STICK(0):X=(X=7)-(X=11)+1
6*((X=13)-(X=14))+PL
9 IF X=PL OR PEEK(X+5)&63<2:GOTO 8:END
IF :IF STRIG(0):PL=X:GOTO 8:ENDIF :MOV
E X+51,PL+5,1:MOVE PL+51,X+5,1:TT=TT+1
:GOTO 3
```

JUMP!

Programmiert von Lyren Brown
Der Hit des Jahres 2011 auf dem Atari Jaguar war Downfall. Die Konver-
sion für den 8-Bit-Atari folgte 2012 mit "Gowno spadajace w dol". Das-
selbe Spielprinzip verwendete "Xuel" jetzt für den Tenliners-Wettbewerb
in "Jump!". In Xuels Variante steuert man mit dem Joystick einen Ball. Es
sind nur die Richtungen links und rechts möglich. Steuert man über den
Rand der Plattform hinaus, auf der man sich befindet, fällt man runter
und landet hoffentlich auf einer darunterliegenden Plattform. Im Fallen
kann man seine Richtung noch etwas nach rechts oder links korrigieren.
Das Spielfeld scrollt langsam von unten nach oben, sodass immer neue
Plattform-Landschaften entstehen.

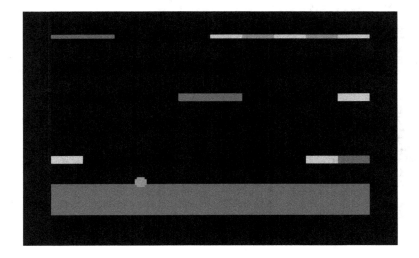

Der Texaner Xuel ist spätestens seit dem ABBUC-Software-Wettbewerb
2013 kein Unbekannter in der Szene. Mit dem Horizontalshooter X:8 be-
legte der CAD-Ingenieur und Roboter-Spezialist den ersten Platz im
Wettbewerb bei äußerst starker Konkurrrenz.

DAS LISTING

```
0 PL=ADR("U❑U❑♥♥♥♥❑❑)♥♥♥█U█U█♥♥♥♥██████♥
♥♥♥♥♥♥█❑█♥♥♥♥♥U❑U❑U❑U♥♥♥y♦Q<█y♦HQ@5(-5
@QH<-#(5@Q[H5-(5@Q"):GOSUB 8:POKE 752,
1
1 ? "SCORE:",S;:IF S>H:H=S:? " GREAT!"
;:ENDIF :? :? "HISCORE:",H:? " ▪ ▪ ▪ ▬
▬█❚❚❚":? " ▟ ▙ ▛ ▛...";:WHILE STRI
G(0):WEND
2 SP=$E2A0:PM=$A200:HP=$D000:SC=$BE70:
S2=SC+10:CC=200:SB=SC+190:VS=$D405:POK
E $D01D,2:C=1.4:Y=20:A=0.2:G=0.2:GOSUB
 8
3 POKE 559,$2E:CO=$D004:HC=$D01E:X=100
:N=%0:M=%0:S=%0:SOUND 0,0,10,10:P=$D20
0:POKE 752,1:T=PL+52:R=$FE46:E=R+$FF
4 POKE 77,0:DO :J=STICK(%0):IF J<8:IF
M<%1 THEN M=M+A:ELSE :IF J<13 AND M>-%
1 THEN M=M-A:ENDIF
5    IF PEEK(CO):N=-0.6:POKE HC,%0:ELSE
 :IF N<1.5:N=N+G:ENDIF :ENDIF :X=X+M:Y
=Y+N:MOVE SP,PM+Y,9:POKE HP,X
6 IF Y>130 OR Y<9 OR X>250 OR X<5:SOUN
D :GOTO 1:ENDIF :F=F+%1:PAUSE %0:IF F>
7:POKE VS,%0:MOVE S2,SC,CC:IF (S&7)=%0
7      MOVE PL+PEEK(R)&31,SB,10:R=R+8:I
F R>E:R=R-$FF:ENDIF :ENDIF :F=%0:MOVE
T+(S&31),P,%1:S=S+%1:ENDIF :POKE VS,F:
LOOP
8 GRAPHICS 3:D=$BE54:POKE D-3,$68:POKE
 D,$28:MOVE D,D+1,17:POKE 623,1:POKE 7
04,$38:POKE $D407,PM/256:MOVE SC,PM,12
8:RETURN
```

JUMPSHEEP

Programmiert von Florian Dingler
In diesem Spiel kommt es auf gutes Timing an. Das Schaf ist ausgebrochen und jagt jetzt über die Weide. Auch Weidezäune und Wasserpfützen sind keine große Hürde für das sprunggewaltige Tier. Vom Joystick benötigt man lediglich den Button um das Spiel zu steuern. Durch die von rechts nach links scrollenden Hindernisse entsteht der Eindruck, dass das Schaf sich in gleichmäßiger Bewegung nach rechts bewegt. Kurz vor dem Hindernis muss man auf den Joystickknopf drücken, um dieses zu überwinden. Berührt man ein Hindernis, ist das Spiel zu Ende und der Score wird in Form von zurückgelegten Metern dargestellt.

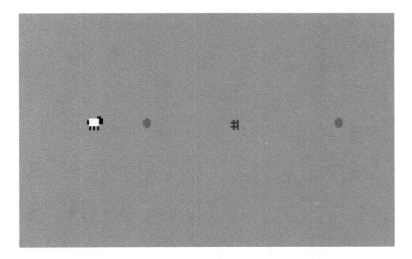

Nach "Sheeprace" für den Multijoy-Adapter ist "Jumpsheep" schon Florians zweites Spiel, in dem Schafe vorkommen. Die wolligen Tiere sind seine Leidenschaft, denn sie bringen einzigartig mehrere Eigenschaften zusammen: völliges Unverständnis für Dinge (Möh?), nötigenfalls extreme Geschwindigkeit und Agilität und nicht zuletzt ein putziges Aussehen. In der Atari-Szene hat sich Florian als Mitglied des Entwicklerteams des SIO2USB einen Namen gemacht. Für dieses Gerät hat er auch die Benutzerschnittstelle - die Shell - programmiert. Aber auch sonst findet man

hier und da Programmierprojekte von ihm. Turbo Basic XL und Action!
liegen ihm besonders.
http://www.akk.org/~flo/games.html

DAS LISTING

```
0 POKE 752,1:? "KJUMP,SHEEP! HOW FAR C
AN YOU GET? PRESSFIRE TO LET SHEEP JUM
P OVER FENCES ANDPONDS! GOOD LUCK!":PA
USE 250
1 A=PEEK(106)-4:POKE 106,A:GRAPHICS 29
:POKE 756,A:A=A*256:MOVE 57344,A,1024:
FOR I=24 TO 55:READ D:POKE I+A,D:NEXT
I
2 DATA 0,0,21,213,213,21,51,51,0,60,95
,95,95,80,48,48,0,0,0,51,255,51,255,51
,0,0,40,170,170,170,40,0
3 POKE 87,0:POKE 703,24:Y=5:T=0:Z=0:D=
0:POKE 708,15:POKE 709,132:POKE 710,0:
POKE 711,226:POKE 712,198:POKE 82,0:PO
KE 756,A/256
4 IF Z=0:IF RAND(10)>4:POSITION 38,5:?
 CHR$(165+RAND(2)):Z=10:ENDIF :ELSE :Z
=Z-%1:ENDIF
6 IF Y>130 OR Y<9 OR X>250 OR X<5:SOUN
D :GOTO 1:ENDIF :F=F+%1:PAUSE %0:IF F>
7:POKE VS,%0:MOVE 52,SC,CC:IF (S&7)=%0
7      MOVE PL+PEEK(R)&31,SB,10:R=R+8:I
F R>E:R=R-$FF:ENDIF :ENDIF :F=%0:MOVE
T+(S&31),P,%1:S=S+%1:ENDIF :POKE VS,F:
LOOP
8 GRAPHICS 3:D=$BE54:POKE D-3,$68:POKE
 D,$28:MOVE D+1,17:POKE 623,1:POKE 7
04,$38:POKE $D407,PM/256:MOVE SC,PM,12
8:RETURN
```

LETTER BETTER

Programmiert von Pawel Sikorski
Mit diesem Spiel kann man sich mit der Tastatur des Atari vertraut machen. Am oberen Spielfeldrand erscheint ein Buchstabe, der langsam
herunterfällt. Bevor er den unteren Rand erreicht, muss man den Buchstaben auf der Tastatur gedrückt haben. Natürlich steigt der Schwierig-
keitsgrad mit der Zeit immer mehr an und die Buchstaben fallen immer
schneller.

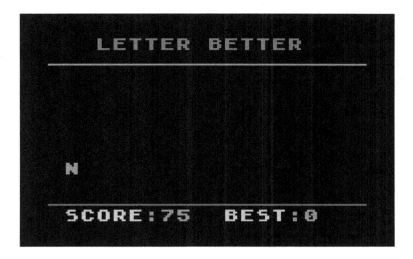

Pawel Sikorski, besser bekannt unter dem Namen "Sikor" oder seinem
Label "Sikor Soft", ist einer der Aktivposten der internationalen Atari-
Szene. Mitte der 90er Jahre publizierte er ungefähr acht kommerzielle
Spiele, aber auch Spieledemos und PD-Spiele. Die bekanntesten Titel wa-
ren "Jurassic Park II" und "Neuroid". Auch heute noch kann man seine
kommerziellen Titel auf seiner Homepage als CD-Kompilation für kleines
Geld erwerben. http://www.atari.sikorsoft.com/
Seit 2012 organisiert Sikor die jährliche Demoparty "WAP-NIAK" in
Warschau, in dessen Rahmen stets ein paar kleine nette Spiele veröffent-
licht werden.

DAS LISTING

```
0 P=B=%0:DIM A$(1),B$(1):D=100
1 GRAPHICS 18:POSITION 4,2:? #6;"NOMAM
   2014":POSITION 3,3:? #6;"letter bette
r":POSITION 6,10:? #6;"by Sikor":POSIT
ION 4,5:? #6;"Press start"
2 IF (PEEK(53279)<>6):GOTO 2:ENDIF :?
#6;CHR$(125):FOR I=%0 TO 19:POSITION I
,1:? #6;"_":POSITION I,10:? #6;"█":NEX
T I:P=%0:POSITION 1,11
3 ? #6;"score:";P:POSITION 11,11:? #6;
"best:";B:POSITION 3,0:? #6;"letter be
tter"
4 A$=CHR$(RAND(26)+65):X=RAND(20):Y=2:
POSITION X,Y:? #6;A$:TIME$= "000001"
5 B$=INKEY$:IF B$=A$:P=P+%1:POSITION 7
,11:? #6;P:POSITION X,Y:? #6;" ":D=D-1
:IF D<5:D=5:ENDIF :GOTO 4:ENDIF
6 IF ((TIME MOD D)=0):POSITION X,Y:? #
6;" ":Y=Y+1:POSITION X,Y:? #6;A$:ENDIF

7 IF Y>9:? #6;CHR$(125):POSITION 5,5:?
 #6;"TRY AGAIN!":D=100:PAUSE 200:IF P>
B:B=P:ENDIF :GOTO 1:ENDIF
8 GOTO 5
```

MAZE!

Programmiert von Bill Kendrick
Gleich zwei Spielvarianten hat das Spiel Maze! von Bill Kendrick. Am Anfang des Spiels wird nach "EXPOSE" gefragt. Drückt man auf "Y" kommt man zur einfacheren Spielvariante. Man muss möglichst schnell aus einem Labyrinth entkommen. Man weiß lediglich, dass der Ausgang stets in der linken oberen Bildschirmecke ist. Bei der leichten Version bleibt der bereits zurückgelegte Weg sichtbar und man kann leicht erkennen, wo Sackgassen sind. "Schwer", welches man im Startbild mit "N" erreicht, kann schon zum längeren Umherirren führen. Nur der Bereich, in dem man sich gerade befindet, ist sichtbar. Man muss sich dabei schon gut merken, wo man bereits entlang gelaufen war.

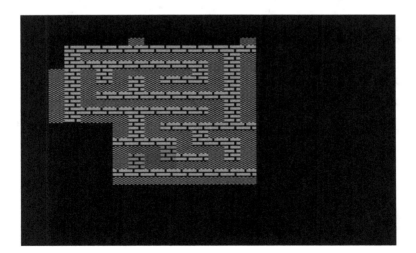

DAS LISTING

```
10 GRAPHICS 17:SC=DPEEK(88):FOR X=21 T
O 37:POKE SC+X,3:NEXT X:FOR Y=2 TO 17:
MOVE SC+20,SC+Y*20,20:NEXT Y:ZZ=SC+42:
Z=ZZ:OPEN #1,4,0,"K:"
20 _=-1:T=20:DIM D(4):D(0)=_:D(1)=-T:D
(2)=1:D(3)=T:RR=_:? #6;"MAZE! expose y
n":REPEAT :GET #1,N:UNTIL N=78 OR N=89
:POKE 708,0
25 POKE Z,0:G=1000:IF N=89:GG=128:ENDI
F :POKE 559,0:CH=(PEEK(106)-16)*256:PO
KE 756,CH/256
30 REPEAT :A=0:OD=-1:FOR I=0 TO 3:A=A+
(PEEK(Z+D(I)*2)=3):NEXT I:IF A=0 THEN
RR=PEEK(Z)-128:POKE Z,0:POKE Z-D(RR),0
:Z=Z-D(RR)*2

40 Z=SC+210:MOVE ADR("U U U U "),CH,8:
MOVE ADR("     III "),CH+24,8:POKE 710,
8:POKE 559,34:TIME$="000000"
50 FOR Y=_ TO 1:FOR X=_ TO 1:NZ=Z+Y*T+
X:POKE NZ,PEEK(NZ)!64:NEXT X:NZ=Z-2+Y*
T:GOSUB G:NZ=NZ+4:GOSUB G:NEXT Y:FOR X
=-2 TO 2:NZ=Z-40+X:GOSUB G
60    NZ=NZ+80:GOSUB G:NEXT X:REPEAT :S
=STICK(0):UNTIL S<15:NZ=Z+D((S=14)+(S=
7)*2+(S=13)*3):IF PEEK(NZ)&63=0:Z=NZ:E
NDIF :GOTO 50+1000*(Z=ZZ)
1000 POKE NZ,(PEEK(NZ)&191)!GG:RETURN

1050 FOR A=0 TO 15:FOR B=0 TO 15:SOUND
 0,100+A*10,10,B:POKE 708,A*16+B:POKE
712,15-B:NEXT B:NEXT A:GRAPHICS 18:? #
6;TIME$:PAUSE 120:RUN
```

MINIDASH

Programmiert von Bill Kendrick
Boulder Dash ist einer der größten Klassiker auf dem 8-Bit-Atari. Grund
genug für Bill Kendrick, zu versuchen es in 10 Zeilen umzusetzen. Sein
Versuch kann sich sehen lassen. Es fängt gemächlich an: Drei Diamanten
sind schnell eingesammelt, während der Zähler von 100 herunterzählt.
Jede Runde kommen ein paar Diamanten dazu, sodass es nach vier bis
fünf Runden schon sehr schwierig wird, alle Diamanten in der vorgegebenen Zeit einzusammeln. Eines der drei Leben verliert man, wenn einem
ein Stein auf den Kopf fällt. Anders als beim großen Vorbild sind die Level nicht designt – Diamanten und Steine sind zufällig über das Spielfeld
verstreut.

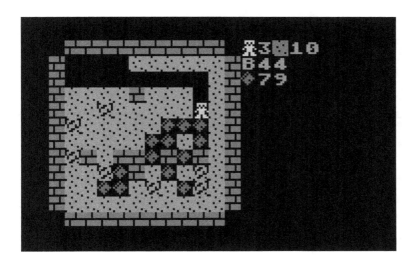

DAS LISTING

```
10 GRAPHICS 18:V=3:SC=DPEEK(88):DIM F$
(40),Z$(4):F$=")*●)]↑6w███▼███▼███
▶♣(\█t8♦♥(fN█9█◀":CH=(PEEK(106)-16)*2
56:Z=194
20 MOVE 57344,CH,1024:MOVE ADR(F$),CH+
8,40:POKE 756,CH/256:P=P+B:B=100:FOR X
=1 TO 10:POKE SC+X,Z:POKE SC+X*20,Z:PO
KE SC+X+220,Z
30    POKE SC+X*20+11,Z:Z$="█C B█":FOR Y
=1 TO 10:POKE SC+Y*20+X,3:NEXT Y:NEXT
X:L=L+1:Q=0:FOR I=0 TO L*4:SZ=SC+RAND(
9)+1+(RAND(8)+2)*20
40    C=ASC(Z$(RAND(4)+1)):IF PEEK(SZ)=
3:POKE SZ,C:IF C=132:Q=Q+1:ENDIF :ENDI
F :NEXT I:Y=1:X=4
100 SZ=SC+Y*20+X:POKE SZ,65:GOSUB 200:
SOUND 0,0,0,0:S=STICK(0):IF S<>15:XM=0
:OX=X:OY=Y:POKE SZ,0:IF S=7:XM=1:ENDIF
:IF S=11:XM=-1
110 ENDIF :X=X+XM:IF S=13:Y=Y+1:ENDIF
:IF S=14:Y=Y-1:ENDIF :SZ=SC+Y*20+X:C=P
EEK(SZ):CC=PEEK(SZ+XM):IF C=194:X=OX:Y
=OY:ENDIF
120 IF C=5:IF CC=0:POKE SZ,0:POKE SZ+X
M,5:ELSE :X=OX:Y=OY:ENDIF :ENDIF :IF C
=132:P=P+1:SOUND 0,255-(Q*10) MOD 255,
10,10:Q=Q-1:ENDIF :ENDIF
130 IF V=0:PAUSE Z:RUN :ENDIF :POSITIO
N 12,0:? #6;"┡";V;"█┛█";L:POSITION 12,1:
? #6;"B";B;" ":POSITION 12,2:? #6;"█S█";
P:B=B-SGN(B):GOTO 100-(Q*B=0)*80
200 YY=YY+1:IF YY>10:YY=0:W=1-W:ENDIF
:FOR XX=1+W TO 10 STEP 2:SS=SC+YY*20+X
X:C=PEEK(SS):IF (C=5 OR C=132) AND PEE
K(SS+20)=0
210    POKE SS+20,C:POKE SS,0:IF YY+2
=Y AND XX=X:SOUND 0,200,4,10:PAUSE 5:P
OKE SS+40,0:Y=1:X=4:V=V-1:ENDIF :ENDIF
:NEXT XX:RETURN
```

MINIJONG

Programmiert von Bill Kendrick

Das Mah-Jongg, das auf Computern gespielt wird, hat eigentlich nicht viel mit dem traditionellen chinesischen Spiel Mah-Jongg gemeinsam. Das chinesische Spiel ähnelt dem Kartenspiel Rommé, die Computervariante dagegen eher Patience; so auch Bill Kendricks Minijong. Die verschiedenen Ebenen der aufgebauten Pyramide werden bei Minijong durch verschiedene Farben realisiert. Die unterste Ebene besteht aus lilafarbenen Steinen, die mittlere Ebene aus hellblauen und die oberste aus grün-gelben Steinen. Statt verschiedener chinesischer Symbole kommen hier große Buchstaben zum Einsatz. Paarweise müssen die Steine abgeräumt werden. Dabei dürfen Steine nur dann bewegt werden, wenn mindestens eine Längsseite des Steins frei liegt.

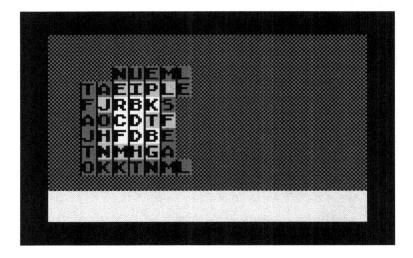

DAS LISTING

```
10 GRAPHICS 2:CH=PEEK(106)-16:POKE 756
,CH:CH=CH*256:POKE 559,0:FOR I=0 TO 7:
POKE CH+I,85+(85*(I MOD 2)):NEXT I:POK
E 711,15:FOR I=8 TO 240
20    POKE CH+I,127-PEEK(57600+I):NEXT
I:SC=DPEEK(88):L=83:DIM B(196),C(L),SZ
(2):FOR I=0 TO L-1:C(I)=INT(I/4)+1:NEX
T I:X1=-1
30 FOR Z=0 TO 2:FOR Y=Z TO 6-Z:FOR X=Z
 TO 6-Z:R=RAND(L):C=C(R):C(R)=C(L-1):L
=L-1:B(Z*49+Y*7+X)=C:NEXT X:NEXT Y:NEX
T Z
40 FOR Z=0 TO 2:FOR Y=Z TO 6-Z:FOR X=Z
 TO 6-Z:POKE SC+Y*20+X+42,B(Z*49+Y*7+X
)+Z*64:NEXT X:NEXT Y:POKE 708+Z,(Z+1)*
69:NEXT Z:POKE 559,34
50 SZ=SC+(Y+2)*20+(X+2):CC=PEEK(SZ):PO
KE SZ,192:S=STICK(0):IF S=7:X=(X+1) MO
D 7:ENDIF :IF S=11:X=(X+6) MOD 7:ENDIF

50 SZ=SC+(Y+2)*20+(X+2):CC=PEEK(SZ):PO
KE SZ,192:S=STICK(0):IF S=7:X=(X+1) MO
D 7:ENDIF :IF S=11:X=(X+6) MOD 7:ENDIF

60 IF S=13:Y=(Y+1) MOD 7:ENDIF :IF S=1
4:Y=(Y+6) MOD 7:ENDIF :PAUSE 2:POKE SZ
,CC:PAUSE 2:C(P)=CC:C2=CC&192:Z=C2/64
70 IF STRIG(0)=0 AND CC:IF P=1 AND SZ=
SZ(0):POKE SZ,C(0):P=0:ELSE :IF P=1:PO
KE SZ(0),C(0):ENDIF
80    Q=PEEK(SZ-1):R=PEEK(SZ+1):IF (Q
=0 OR Q&192<C2 OR R=0 OR R&192<C2) AND
 (P=0 OR CC&63=PEEK(SZ(0))&63):SZ(P)=S
Z:P=P+1
90       IF P=2:FOR I=0 TO 1:IF C(I)&1
92=0:POKE SZ(I),0:ELSE :Z=(C(I)&192)/6
4-1:POKE SZ(I),B(Z*49+Y*7+X)+Z*64:ENDI
F
100 NEXT I:P=0:ENDIF :ELSE :? "◆":ENDI
F :PAUSE 4:IF P=1:POKE SZ(0),(C(0)&63)
+192:ENDIF :ENDIF :ENDIF :GOTO 50
```

NimX

Programmiert von Cliff Hatch

Nimx hat wohl die interessanteste Geschichte der Spiele des Wettbewerbs. An sich ein einfaches Spiel: Zwei Spieler nehmen abwechselnd eine beliebige Anzahl von Steinen von drei Haufen. Jedoch darf pro Zug nur von einem Haufen gewählt werden und man muss mindestens einen Stein nehmen. Der Franzose Bouton entdeckte im Jahr 1902 einen Algorithmus, mit dem man die Gewinnzüge berechnen konnte. Dazu muss man die Anzahl der Steine von jedem Haufen in eine Binärzahl umwandeln. In der vorliegenden Computervariante befinden sich im ersten Haufen 3 Steine = binär 11, im zweiten Haufen 4 Steine = binär 100 und im dritten Haufen 5 Steine = binär 101. Nun addiert man die Binärzahlen aller drei Haufen ohne dass man Übertragzahlen zulässt (das nennt man auch "Nim-Addition"):

```
   11
 +100
 +101
 ----
  010
```

Im eigenen Zug muss man dann so viele Steine wegnehmen, dass die Summe (der Nim-Addition) aller Haufen dann 0 ergibt. Das erreicht man, indem man vom ersten Haufen 2 Steine wegnimmt (= binär 10):

```
    1
 +100
 +101
 ----
  000
```

Verfolgt man konsequent diese Strategie, hat der Gegner keine Chance zu

gewinnen. Man selbst kann immer die letzten Steine vom Spielfeld nehmen und hat damit gewonnen.

Aber jetzt wird die Geschichte erst richtig interessant: 1940 wurde auf der
Weltausstellung in New York eine Maschine aus unzähligen Relais und
Röhren vorgestellt, die mehr als eine Tonne wog und nur zu einem Zweck
gebaut wurde: Nim spielen. Dementsprechend wurde die Maschine "Ni-
matron" genannt; sie war die erste Maschine der Welt, mit der man spielen konnte. Historisch gesehen ist also Nim das erste Computerspiel
überhaupt; eine Tatsache, die wenig bekannt ist. Selbst Wikipedia wartet
hier mit unvollständigen Informationen auf.

Cliff Hatch macht mit seinem Beitrag, der Umsetzung von Nim auf Atari-
Computer, auf dieses historisch so wichtige Spiel aufmerksam.

Bereits 1982 veröffentlichte Cliff Hatch Tipps und Tricks in BASIC ("Best
of PCW Software for the Atari XL"). Lange Zeit war er dann nicht in der
Atari-Öffentlichkeit zu vernehmen. 2013 meldete er sich dann zurück mit
seinem Beitrag "Dev War" zum ABBUC-Software-Wettbewerb.

DAS LISTING

```
0 READ R:DIM C(R):DIM B(R,6):DIM X(R):
FOR J=1 TO R:READ E:C(J)=E:NEXT J:DATA
 3,3,4,5
1 DIM Q$(1):CLS :SETCOLOR 1,8,14:SETCO
LOR 2,8,0:SETCOLOR 4,1,8:? "NIMX":GOSU
B 9:IF RND(0)<0.5 THEN 3
2 F=0:WHILE F=0:? "Your Move: ";:INPUT
 A,N:IF A>=1 AND A<=R:IF N>=1 AND N<=C
(A):C(A)=C(A)-N:GOSUB 9:F=1:ENDIF :END
IF :WEND
3 GOSUB 7:IF I=0:? "You Win! Return to
 Replay";:INPUT Q$:RUN :ELSE :? "My Mo
ve: ";:FOR J=1 TO R:X(J)=C(J):NEXT J:A
=0:S=1:ENDIF
4 WHILE A<R AND S<>0:C(A)=X(A):A=A+1:N
=0:WHILE C(A)>0 AND S<>0:C(A)=C(A)-1:N
=N+1:GOSUB 7:WEND :WEND
5 IF S<>0 THEN C(A)=X(A):A=RND(R)+1:W
HILE C(A)=0:A=RND(R)+1:WEND :N=RND(C
(A))+1:C(A)=C(A)-N

6 ? A;",";N:GOSUB 9:GOSUB 7:IF I=0:? "
I Win! Return to Replay";:INPUT Q$:RUN
 :ELSE :GOTO 2:ENDIF
7 FOR V=1 TO R:P=32:W=C(V):FOR D=1 TO
6:IF W>=P:B(V,D)=1:W=W-P:ELSE :B(V,D)=
0:ENDIF :P=P/2:NEXT D:NEXT V:S=0:T=0:I
=0
8 FOR D=1 TO 6:FOR J=1 TO R:T=T+B(J,D)
:NEXT J:S=S+T-(2*INT(T/2)):NEXT D:FOR
J=1 TO R:I=I+C(J):NEXT J:RETURN
9 ? :FOR V=1 TO R:IF V<10:? " ";:ENDIF
 :? ;V;:? ;" ";:J=C(V):WHILE J>0:? ;"●
";:J=J-1:WEND :? :NEXT V:? :RETURN
```

PADDLESHIP

Programmiert von Bill Kendrick
Und wieder einmal ist der Weltraum das Spielfeld für ein Computerspiel.
Dieses Mal handelt es sich um eine Rettungsmission. Ein Raumschiff
treibt bewegungslos im All und muss von unserem Raumschiff mit einer
Berührung gerettet werden. Richtig gut manövrierfähig ist unser Gleiter
jedoch auch nicht mehr – es trudelt durch den luftleeren Raum. Mit etwas Übung schafft man es jedoch mit dem Paddle und dem schubgeben-
den Feuerknopf, das Schiff auf Kurs zu bringen und die Mission erfolg-
reich zu beenden. Wenn dann noch etwas Zeit übrig ist – die ablaufende
Zeit wird mit einem bunten Balken am oberen Bildschirmrand gezeigt –
kann man sogar noch ein zweites oder drittes Schiff retten.

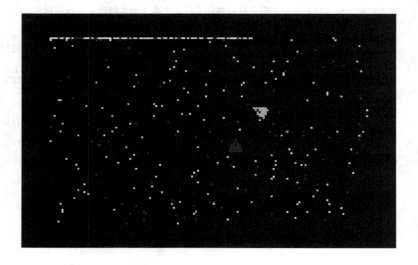

DAS LISTING

```
10 GRAPHICS 23:PM=(PEEK(106)-32):POKE
54279,PM:POKE 53277,3:POKE 559,46:H=53
248:DPOKE 704,16522:PM=(PM+2)*256:MS=3
2
11 DIM F$(136),D$(24):F$="♥♥♥♥♥♥♥▲▲●6
>│▶♥ Ⅴ└6>⸮⊢⸮ ♥↓z>↑⸮ ♥ ▷Z t│8 ♥♦x│s│x♦♥♥
8│t⊠▶♥⊣↑>>z↓⸜♥⸜⸜⊢⸜>6L⸝ │▷▶>6●▲▲♥":F=ADR(
F$)
12 F$(81)=" x⸜│1x♦● 8││∧8●♥♥⊣↑>. ⸜│♥⸝⸜>
N>⸜⸝♥♥⸜_.;>↑⸜ ♥♥●8∧││8 ●♦X│⸜x ♥⸜8⊥⊥⸜⸜ ♥"
:D$=" ⸝⸜⸜⊣⊣⸜⸜ │⊢♥♥⊢⊢ ⸝⸜⸜⸜⸜⸜ │":FOR I=
0 TO 256
20   DPOKE PM+I*2,0:COLOR RAND(3)+1:PL
OT RAND(160),RAND(96):PLOT I/2,0:NEXT
I:X=80:Y=24:XM=0:YM=0:SC=0:D=4:T=0:COL
OR 0:GOSUB 1000:V=0
100 POKE H,X+48:MOVE F+8+INT(D)*8,PM+1
6+Y,8:MOVE F,PM+8+Y,8:MOVE F,PM+24+Y,8
:DPOKE 708,RAND(65536):POKE 710,RAND(2
55)

110 SOUND 1,100,10,V:D=D-(PADDLE(0)-12
8)/128:IF D<0:D=D+16:ELSE :IF D>=16:D=
D-16:ENDIF :ENDIF :ID=INT(D+1):IF PTRI
G(0)=0
120   XM=XM+ASC(D$(ID))-2:YM=YM-ASC(D$
(ID+4))+2:SOUND 0,0,0,10:ELSE :SOUND 0
,0,0,0:ENDIF :IF ABS(XM)>MS:XM=SGN(XM)
*MS:ENDIF
130 IF ABS(YM)>MS:YM=SGN(YM)*MS:ENDIF
:X=X+XM/8:Y=Y+YM/8:IF Y<0:Y=0:ENDIF :T
=T+0.25:PLOT 128-T,0:IF T=128 THEN ? S
C:DPOKE H,0:END
140 IF Y>96:Y=96:ENDIF :IF X<0:X=0:END
IF :IF X>160:X=160:ENDIF :IF PEEK(5326
1):SC=SC+1:GOSUB 1000:ENDIF :V=V-SGN(V
):GOTO 100
1000 MOVE F,PM+16+YY+128,8:POKE H+1,RA
ND(160)+48:YY=RAND(96):MOVE F+8,PM+16+
YY+128,8:POKE 53278,0:V=15:RETURN
```

PLANETS

Programmiert von Bill Kendrick
Was machen zwei benachbarte Planeten, die sich nicht mögen? Richtig!
Sie beschießen sich so lange bis sie sich vernichtet haben. Die Pixelkano-
ne ist dabei eine mächtige Waffe. Man steuert sie mit einem Druck des
Joysticks nach rechts im Uhrzeigersinn um den Planeten und mit einem
Druck nach links gegen den Uhrzeigersinn. Wenn man den Feuerknopf
betätigt, wird ein mächtiges Pixelprojektil abgefeuert, dass gewaltige
Krater in die Planetenoberfläche des Gegners reißt. Der Gegner mit dem
zweiten Joystick versucht ebenso unseren Planeten zu zerstören. Die Gra-
vitation der Planeten kann man sich bei der genauen Platzierung der Ge-
schosse zu Nutze machen.

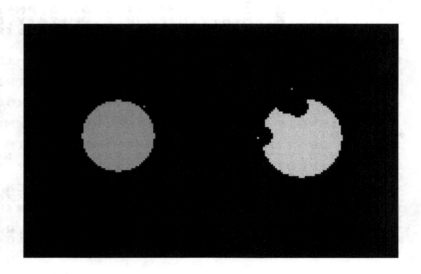

DAS LISTING

```
10 DEG :GRAPHICS 23:DIM X(2),Y(2),R(2)
,A(2),B(2),BX(2),BY(2),BXM(2),BYM(2),C
S(36),SN(36):FOR I=0 TO 1:X(I)=ABS(160
*I-30-RAND(20))
20   Y(I)=28+RAND(40):R(I)=15+RAND(10)
:COLOR I+1:CIRCLE X(I),Y(I),R(I):PAINT
 X(I),Y(I):B(I)=0:A(I)=I*18:NEXT I
30 FOR I=0 TO 35:CS(I)=COS(I*10):SN(I)
=SIN(I*10):NEXT I
100 TRAP 100:FOR I=0 TO 1:CR=0:GOSUB 1
000:Q=OA:S=STICK(I)*STRIG(I):IF S=11:A
(I)=(A(I)+1) MOD 36:ENDIF :IF S=7 THEN
 A(I)=(A(I)+35) MOD 36
105   CR=I+1:GOSUB 1000:LOCATE X-XM,Y-
YM,C:IF C=0:A(I)=Q:ENDIF :IF S+B(I)=0
THEN B(I)=100:BX(I)=X:BY(I)=Y:BXM(I)=X
M:BYM(I)=YM
110   IF B(I):B(I)=B(I)-1:COLOR 0:PLOT
 BX(I),BY(I):BX(I)=BX(I)+BXM(I):BY(I)=
BY(I)+BYM(I):BX=BX(I):BY=BY(I):LOCATE
BX,BY,C:IF C
120 B(I)=0:FOR J=0 TO 5:CIRCLE BX,BY,J
:NEXT J:GOSUB 4000:ENDIF :IF B(I):COLO
R I+1:PLOT BX,BY:GOSUB 3000:ENDIF :END
IF :NEXT I:GOTO 100
1000 COLOR CR:OA=A(I):XM=CS(OA):YM=-SN
(OA):R=R(I)+2:X=X(I)+XM*R:Y=Y(I)+YM*R:
PLOT X,Y:XM=XM*3:YM=YM*3:RETURN
3000 FOR J=0 TO 1:BXM(I)=BXM(I)-(BX(I)
-X(J))/(500-R(J)):BYM(I)=BYM(I)-(BY(I)
-Y(J))/(500-R(J)):NEXT J:RETURN
4000 PLOT BX,BY:FOR J=0 TO 1:IF ABS(BX
-X(J))+ABS(BY-Y(J))<=5:FOR Z=0 TO 255:
POKE 708+J,255-Z:SOUND 0,Z,4,Z/16:NEXT
 Z:RUN :ENDIF :NEXT J:RETURN
```

Puzzler 2014

Programmiert von Marc Brings
Der Name des Spiels ist etwas irreführend. Man muss nichts zusammensetzen, wie man erwarten könnte. Man braucht jedoch ein sehr gutes Auge. In der linken unteren Ecke wird ein bestimmtes Muster vorgegeben, das man auf dem Bildschirm wiederfinden muss. Glaubt man, die gesuchte Stelle gefunden zu haben, steuert man sie mittels des Joysticks mit dem Cursor an und markiert sie mit Drücken des Buttons. Wenn man große Schwierigkeiten beim Finden des Musters haben sollte, blitzt es an der richtigen Stelle nach einer gewissen Zeit auf. Zum Schluss wird die benötigte Zeit angezeigt.

Marc ist wohl jedem ABBUC-Mitglied bekannt. Als Ressortchef Hardware leitet er schon seit Jahren souverän den alljährlichen ABBUC-Hardwarewettbewerb. Wenn es ihm möglich ist, beteiligt er sich an allen Aktivitäten des ABBUC. Ob Treffen wie Fujiama, JHV oder NOMAM, ob Wettbewerbe wie ABBUC Bundesliga, BASIC Tenliners oder ABBUC Softwarewettbewerb – Sleepy ist dabei. Das "py" in seinem Nicknamen schreibt er vorzugsweise mit dem Symbol für die Kreiszahl π.

DAS LISTING

```
1 GRAPHICS 0:POKE 710,0:POKE 752,1:? "
↓Puzzler for 5C NOMAM 2014":? "↓↓Searc
h bitmap shown down left.":? "↓♥<>blac
k ■<>orange item."
2 ? "↓Use stick in #0":? "↓↓Sometimes
a short hint flashes up.":? "↓Press tr
igger to test if you're right.":? "↓↓↓
Good luck!"
3 PAUSE 350:GRAPHICS 3:POKE 752,1:POKE
 710,0:R=DPEEK(88):FOR L=0 TO 199:POKE
 R+L,RAND(25)&85:NEXT L:O=RAND(9):P=RA
ND(8)*2
4 FOR L=0 TO 3:? :FOR I=6 TO 0 STEP -2
:? CHR$(160*(O<>(PEEK(R+O+(P+L)*10)&2^
I)));:NEXT I:NEXT L:X=0:Y=0:SOUND 1,25
0,10,4
5 TIME$= "000000":POKE 656,1:POKE 657,
8:? "Puzzler 2014 by Sleepy";:SOUND 2,
249,10,4:DO :POKE 656,3:POKE 657,8:? T
IME$;

6 S=STICK(0):X=X+(S=7 AND X<9)-(S=11 A
ND X>0):Y=Y+2*(S=13 AND Y<16)-2*(S=14
AND Y>0):SOUND 0,RAND(100)+155,10,10
7 FOR L=0 TO 3:A=R+X+(Y+L)*10:POKE A,P
EEK(A)*2:NEXT L:PAUSE 5:FOR L=0 TO 3:A
=R+X+(Y+L)*10:POKE A,PEEK(A)/2:NEXT L:
IF PEEK(20)>253 THEN EXEC H
8 IF NOT STRIG(0) THEN POKE 77,0:V=V+1
:C=(X=0) AND (Y=P):REPEAT :UNTIL STRIG
(0):IF C THEN SOUND :FOR M=0 TO 50:EXE
C H:NEXT M:EXIT
9 LOOP :SOUND :? :? :? "Gr8! You found
 the aim with the":? V;". try! You nee
d ";TIME$;" (hhmmss).":PAUSE 300:RUN
10 PROC H:FOR L=0 TO 3:A=R+O+(P+L)*10:
POKE A,PEEK(A)*2:NEXT L:FOR L=0 TO 3:A
=R+O+(P+L)*10:POKE A,PEEK(A)/2:NEXT L:
ENDPROC
```

PUZZLER DUELL

Programmiert von Marc Brings
Während man bei "Puzzler 2014" gegen die Uhr spielt und sich nicht immer von ihr hetzen lässt, kann es bei "Puzzler Duell" schon hektisch werden. Ein menschlicher Gegner ist der Duellant. Beide Spieler versuchen
möglichst vor dem Gegenspieler das vorgegebene Muster zu finden und
es mit dem Cursor zu markieren.

DAS LISTING

```
1 GRAPHICS 3:POKE 752,1:POKE 77,0:R=DP
EEK(88):FOR L=0 TO 199:POKE R+L,RAND(2
55)&85:NEXT L:O=RAND(9):P=RAND(8)*2:M=
656:SOUND 1,255,10,2
2 FOR L=0 TO 3:? :FOR I=6 TO 0 STEP -2
:? CHR$(160*(0<>(PEEK(R+O+(P+L)*10)&2^
I)));:NEXT I:NEXT L:X=0:Y=0:G=9:H=16:S
OUND 2,254,10,2
3 DPOKE M,2049:? "E+find pattern & pre
ss fire!";:DPOKE M,2051:? "DUELL by Sl
eepy";:DO :S=STICK(0):X=X+(S=7 AND X<9
)-(S=11 AND X>0)
4    Y=Y+2*(S=13 AND Y<16)-2*(S=14 AND
Y>0):S=STICK(1):G=G+(S=7 AND G<9)-(S=1
1 AND G>0):H=H+2*(S=13 AND H<16)-2*(S=
14 AND H>0)
5    FOR L=0 TO 3:EXEC J:POKE A,PEEK(A)
*2:NEXT L:PAUSE 1:FOR L=0 TO 3:EXEC J:
POKE A,PEEK(A)/2:NEXT L

6 FOR L=0 TO 3:EXEC J:C=PEEK(B):POKE B
,C+C*2:NEXT L:PAUSE 1:FOR L=0 TO 3:EXE
C J:POKE B,PEEK(B)&85:NEXT L:IF PEEK(2
0)>253 THEN EXEC K
7 IF NOT STRIG(0) OR NOT STRIG(1) THEN
 POKE 77,0:V=(X=O) AND (Y=P):W=(G=0) A
ND (H=P):IF V OR W THEN SOUND :FOR M=0
 TO 50:EXEC K:NEXT M:EXIT
8 LOOP :SOUND :CLS :? :? "Gr8! Player
in #";W=1;" wins!":FOR L=0 TO 3:SOUND
L,100+L*15,10,8:PAUSE 30:NEXT L:SOUND
:PAUSE 200:RUN
9 PROC K:FOR L=0 TO 3:A=R+O+(P+L)*10:P
OKE A,PEEK(A)*2:NEXT L:FOR L=0 TO 3:A=
R+O+(P+L)*10:POKE A,PEEK(A)/2:NEXT L:E
NDPROC
10 PROC J:A=R+X+(Y+L)*10:B=R+G+(H+L)*1
0:SOUND 0,(RAND(100)+155)&PEEK(19),10,
14:SOUND 3,PEEK(20)&$48,8,6:ENDPROC
```

SHMUP

Programmiert von Bill Kendrick

Wer es noch nicht weiß: "Shmup" ist die Abkürzung für "Shoot 'em up", und das wiederum ist die Bezeichnung für das Schießspiel-Computerspielgenre. Es scheint kein Genre zu geben, dass sich nicht in zehn Zeilen Turbo Basic umsetzen lässt. Ein solider Horizontalshooter fehlte noch in der Sammlung – ein Fall für Bill Kendrick! Im vorliegenden Spiel reichen ein paar ASCII-Zeichen für eine adäquate Darstellung des eigenen Raumschiffs und der abzuschießenden Gegner.

DAS LISTING

```
10 GRAPHICS 17:SC=DPEEK(88):SC1=SC+1:S
C440=SC+440:SC420=SC+420:YSC=SC+220:Z4
79=479:Z19=19:Z20=20:SOUND 1,200,0,4:L
V=3
100 POKE SC+Z19+RAND(23)*Z20,14:FOR I=
SC TO SC440 STEP Z20:POKE I,%0:NEXT I:
IF RAND(12-WV)=0:BSC=SC+Z19+RAND(22)*Z
20
110    POKE BSC,74:POKE BSC+Z20,126:END
IF :MOVE SC1,SC,Z479:IF EX=0:C=PEEK(YS
C+1):DPOKE YSC,40669:S=PEEK(632):F=STR
IG(%0)
120    IF C<>%0 AND C<>14 THEN EX=30:LV
=LV-%1:IF LV=%0 THEN ? #6;"SC:";PT;" W
V:";WV:PAUSE 2:WHILE STRIG(%0):WEND :R
UN
130    IF S=14 AND YSC>SC:YSC=YSC-Z20:E
NDIF :IF S=13 AND YSC<SC420 THEN YSC=Y
SC+Z20

140 IF F=%0:FOR X=2 TO 18 STEP 2:LX=X:
C=DPEEK(YSC+X):IF C<>%0 AND C<>14 AND
C<>3584 AND C<>3598:GOSUB 1000:ENDIF
150    DPOKE YSC+LX,65535:DPOKE YSC+L
X-2,%0:NEXT X:DPOKE YSC+LX,%0:ENDIF :E
LSE :DPOKE YSC,RAND(65536):EX=EX-1
999 SOUND 0,R,12,EX/%2:ENDIF :R=PEEK(5
3770):DPOKE 708,(R&15)+R*256:IF WV<10:
WV=WV+0.01:ENDIF :GOTO 100
1000 ESC1=YSC+X:X=18:ESC2=ESC1:IF YSC>
SC:ESC2=ESC1-Z20:ENDIF :FOR I=%0 TO 7:
DPOKE ESC1,I*257:DPOKE ESC1+Z20,I*257
1010    DPOKE ESC2,I*257:SOUND %0,PEEK(
53770),8,14-I*%2:NEXT I:DPOKE ESC1,%0:
DPOKE ESC1+Z20,%0:DPOKE ESC2,%0:PT=PT+
1:RETURN
```

SIJMEN

Programmiert von Gunnar Kanold
Sijmen geht zurück auf ein Spiel des Jahres 1974: Touch Me von Atari. Touch Me war genauso wie sein Handheld-Pendant mit gleichem Namen von Atari kein kommerzieller Erfolg. Erfolgreicher war da schon das Spiel Simon von Milton Bradley mit identischem Spielinhalt. Genauer gesagt: Es war das erfolgreichste Spiel des Weihnachtsgeschäfts von 1977 und wurde ein Symbol der Spielkultur der späten 70er und frühen 80er Jahre. Das Spiel hatte vier farbige Felder, die auf einem runden Gerät jeweils auf einem Viertel platziert waren. Das vorliegende Spiel Sijmen ist die Atari-10-Zeilen-Version des Klassikers von 1977. Das Programm gibt eine Reihenfolge einer Farbkombination vor, die der Spieler mit den Tasten 1 bis 4 der Tastatur nachdrücken muss. Anfangs ist das noch einfach. Aber nach jeder Runde kommt ein neues Element hinzu. Spätestens nach zehn Runden benötigt man schon ein gutes Gedächtnis, um sich die Kombination merken zu können. Unterstützt wird das Gedächtnis durch Töne, die den vier Farben zugeordnet sind.

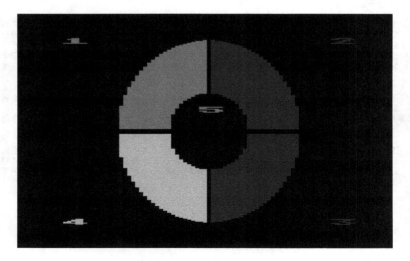

Gunnar ist kein Unbekannter beim ABBUC. Er leitete lange Zeit die ABBUC Bundesliga und als Ressortchef Software den ABBUC Softwarewettbewerb. In den letzten Jahren konzentrierte er seine Aktivitäten auf das Verfassen von Artikeln für das 8-Bit-Magazin RETURN. Programmiert hat er in den letzten Jahren nur Programme, die in 10 Zeilen passen.

DAS LISTING

```
0 GRAPHICS 10:DIM Z(20),X(20):FOR I=1
TO 20:Z(I)=RAND(4)+1:X(I)=Z(I):NEXT I:
DPOKE 705,$C430:DPOKE 707,$1A80:COLOR
3:POKE 559,0
1 CIRCLE 40,96,24,96:PLOT 40,2:DRAWTO
40,189:PLOT 17,96:DRAWTO 63,96:COLOR 2
:PAINT 27,53:TEXT 3,0,1:COLOR 1:PAINT
53,53:TEXT 70,0,2:COLOR 3
2 PAINT 53,139:TEXT 70,185,3:COLOR 4:P
AINT 27,139:TEXT 3,185,4:COLOR 0:CIRCL
E 40,96,10,40:PAINT 40,96:FOR I=94 TO
98:PLOT 17,I:DRAWTO 63,I:NEXT I
3 POKE 559,34:COLOR 0:CIRCLE 40,96,24,
96:PLOT 40,2:DRAWTO 40,189:PLOT 17,96:
DRAWTO 63,96:REPEAT :R=R+1:FOR I=1 TO
R:ON Z(I) EXEC G,R,B,Y:PAUSE 2
4 NEXT I:FOR I=1 TO R:GET X:X(I)=X-4
8:IF X(I)<>Z(I):SOUND 0,100,12,10:PAUS
E 50:SOUND :TEXT 5,185,"NEW GAME?":GET
 K:IF K=89:RUN :ELSE :END

5 ENDIF :ENDIF :ON X-48 EXEC G,R,B,Y:N
EXT I:PAUSE 50:TEXT 37,70,R:L=L+1:UNTI
L R=20:? "BRAVO":END
6 PROC R:SOUND 0,142,10,9:POKE 705,62:
PAUSE 9:COLOR 1:SOUND :PAUSE 9:POKE 70
5,48:ENDPROC
7 PROC G:SOUND 0,190,10,9:POKE 706,190
:PAUSE 9:COLOR 2:SOUND :PAUSE 9:POKE 7
06,180:ENDPROC
8 PROC B:SOUND 0,94,10,9:POKE 707,126:
PAUSE 9:COLOR 3:SOUND :PAUSE 9:POKE 70
7,112:ENDPROC
9 PROC Y:SOUND 0,226,10,9:POKE 708,30:
PAUSE 9:COLOR 4:SOUND :PAUSE 9:POKE 70
8,26:ENDPROC
```

SLICE

Programmiert von Bill Kendrick
Jahrzehntelang verstaubte das Touch Tablet von Atari im Regal. Jetzt hat
es endlich seine Bestimmung gefunden. Man kann mit ihm vorzüglich
spielen – ein entsprechendes Programm vorausgesetzt. Mit Hilfe dieses
Eingabegeräts kann man eine Spielfigur bedeutend schneller steuern als
mit den herkömmlichen Joysticks und Paddles. Das Spiel lässt sich durch
Simplizität kaum übertreffen. Die eigene Spielfigur ist ein Quadrat. Mit
ihm muss man Quadrate, die sich gerade auf den oberen Bildschirmrand
zubewegen "einfangen", das heißt berühren. Hat man zu viele Quadrate
durchgelassen, ist das Spiel beendet.

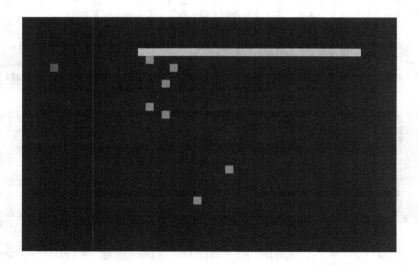

DAS LISTING

```
10 GRAPHICS 19:SC=DPEEK(88):Y=3:SZ=SC+
30:SPD=3:IT=0:RAT=10:OK=1
20 POKE SZ,0:POKE SZ+10,0:Q=Q+1:IF Q>=
SPD THEN Q=0:MOVE SC+30,SC+20,220:OK=1
:IT=(IT+1) MOD 10:IF IT=0 THEN SPD=SPD
-1
30 PX=PADDLE(0):PY=PADDLE(1):IF PX<228
 AND PY<228:X=INT(PX/6):Y=22-INT(PY/11
):ENDIF :SZ=SC+Y*10+INT(X/4)
40 IF PEEK(SZ)+PEEK(SZ+10):V=15:PT=PT+
1:COLOR 3:PLOT PT MOD 40,0:ENDIF :COLO
R 3:PLOT X,Y
70 FOR XX=0 TO 9:IF PEEK(SC+20+XX):POK
E SC+20+XX,0:BD=BD+1:COLOR 2:PLOT 39-(
BD MOD 40),1:SOUND 0,100,12,8:ENDIF :N
EXT XX
80 IF RAND(RAT)=0 AND OK:COLOR 1:PLOT
RAND(30)+5,22:OK=0:ENDIF :IF SPD=0 THE
N SPD=3:RAT=RAT-1:POKE 712,(10-RAT)*16
:IF RAT<1 THEN RAT=1
90 SOUND 0,255-PT*6,10,V:V=V-1:IF V<0:
V=0:ENDIF :IF BD>=40 OR PT>=40:GOTO 10
00:ENDIF :GOTO 20
1000 GRAPHICS 18:? #6;"hit  +";PT:? #6
;"miss -";BD:IF BD>=40:? #6;"loss -100
":PT=PT-100:ELSE :? #6;"win  +100":PT=
PT+100:ENDIF
1010 ? #6;"total ";PT-BD:SOUND 0,0,0,0
:PAUSE 600:RUN
```

SQUIRREL

Programmiert von Florian Dingler
Sammle mit dem Eichhörnchen so viele Eicheln wie möglich ein! Quer über den Bildschirm liegen zufällig verteilt Eicheln herum. Das Eichhörnchen wird mit dem Joystick gesteuert. Ist das Tier aber erst in Fahrt, kann es nur von einer Eichel oder vom Spielfeldrand gestoppt werden. Auf einer Strecke ohne Hindernisse flitzt es einfach weiter. Die Sammelzeit ist begrenzt.

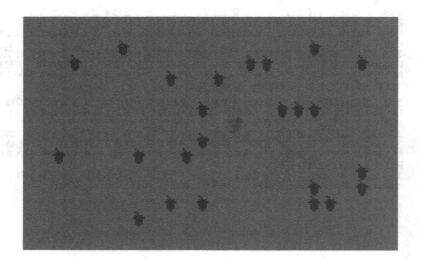

DAS LISTING

```
0 ? "KHELP SQUIRREL TO COLLECT ALL THE
  NUTS!BEWARE,ONCE ITS RUNNING, IT ONLY
  STOPSFOR NUTS OR THE GARDEN BORDER!":
PAUSE 250
1 POKE 106,PEEK(106)-4:GRAPHICS 18:MOV
E 57344,PEEK(106)*256,512:FOR X=24 TO
39:READ D:POKE PEEK(106)*256+X,D:NEXT
X
2 X=10:Y=5:A=0:GRAPHICS 18:POKE 712,19
6:POKE 708,228:POKE 710,194:POKE 19,0:
DATA 6,47,111,30,62,28,28,120,32,16,60
,126,60,60,60,24
3 POKE 756,PEEK(106):FOR D=0 TO 29:POS
ITION RAND(20),RAND(12):? #6;"日";:NEXT
 D:POSITION X,Y:? #6;"#"
4 REPEAT :N=STICK(0):DY=(N=13 AND Y<11
)-(N=14 AND Y>0):DX=(N=7 AND X<19)-(N=
11 AND X>0):IF DX<>0 OR DY<>0:REPEAT :
POSITION X,Y:? #6;" ";
5        SOUND 0,125,10,10:SOUND 1,200,
12,4

6 IF DX<>0:X=X+DX:LOCATE X,Y,N:IF N<>3
2:A=A+1:ENDIF :IF N<>32 OR X=0 OR X=19
:DX=0:ENDIF :ENDIF
7 IF DY<>0:Y=Y+DY:LOCATE X,Y,N:IF N<>3
2:A=A+1:ENDIF :IF N<>32 OR Y=0 OR Y=11
:DY=0:ENDIF :ENDIF
8 POSITION X,Y:? #6;"#";:PAUSE 2:SOUND
 :UNTIL DX=0 AND DY=0:ENDIF
9 UNTIL (PEEK(19)*256+PEEK(20))>750:PO
SITION 1,3:? #6;A;" NUTS COLLECTED":PA
USE 100:GOTO 2
```

ZEN 3D

Programmiert von Hare Krishna
Der letzte zum Wettbewerb eingereichte Beitrag von dem geheimnisvollen "Hare Krishna" hat mir zum größten Schrecken seit den Jaggies auf Fractalus verholfen. Aber Dank an den Autor: Er hat die 40 voll gemacht. 39 Spiele hätten doch blöd ausgesehen, oder?

DAS LISTING

```
10 GRAPHICS 8:COLOR 1:SETCOLOR 2,0,0:P
OKE 752,1:M=DPEEK(106)-24:F=3:GOSUB 20
0:REM NOMAM GAME BY HARE KRISHNA
15 PRINT "WELCOME GREENLING. USE YOUR
SPIRITUAL POWER. RIGHT FOR HIGH TONES
OTHERWISE LEFT "
25 P=RAND(2):IF P=1:T=121-RAND(100):EL
SE :T=121+RAND(100):ENDIF :PAUSE 40:SO
UND 0,T,10,1:PAUSE 40:SOUND 0,0,0,0
40 J=STICK(0):K=((J EXOR 15)&12)/4:IF
K=0 THEN 40
50 IF K=P+1:PRINT "FINE, GREENLING":EL
SE :? "DON'T WORRY,BE PATIENT AND TRY
AGAIN":Z=Z+1:ENDIF :IF Z=3:GOTO 95:END
IF :GOTO 25
95 GRAPHICS 8:SETCOLOR 1,0,0:SETCOLOR
2,0,0:F=12:RESTORE :GOSUB 200:SETCOLOR
 2,0,15:FOR I=0 TO 3:SOUND I,120+10*I,
10,15:NEXT I
96 ? "DON'T BE SCARED!":? " TRY AGAIN.
..":? :PAUSE 500:RUN

100 DATA 1,1,13,2,3,7,2,5,6,2,7,9,2,9,
6,2,11,7,2,13,13,1,7,3,2,7,4,3,7,3,2,2
,3,3,3,6,3,0.4,0.2,3,8,3,0.4,0.2,0,0,0

200 READ B,X,Y:X=X*F:Y=Y*F:IF B=1:PLOT
 X,Y:ENDIF :IF B=2:DRAWTO X,Y:ENDIF :I
F B=3:READ S,T:S=S*F:T=T*F:CIRCLE X,Y,
S,T:ENDIF
225 IF B<>0:GOTO 200:ENDIF :RETURN
```

2

SPIELE, BEI DENEN DIE LOGISCHE ZEILE KÜNSTLICH VERLÄNGERT WURDE

2047

Programmiert von Pawel Kalinowski
Erlaubt euch mal den Spaß und gebt "2048" im "Google Playstore" ein.
Unzählige Varianten des Spiels werden dort angeboten. "2047" hat dagegen niemand sein Spiel genannt. Es kam wohl auch niemand mit so wenig Code aus wie "pirx". Er schaffte es, das Spiel in den geforderten 10 Zeilen unterzubringen. Durch Druck auf die Pfeiltasten nach links, rechts, oben oder unten müssen gleiche Zahlen verbunden werden: aus 2 + 2 wird 4, die Zweien verschwinden und die 4 bleibt übrig; weiter geht's mit 4 + 4 = 8, 8 + 8 = 16, usw. Ziel ist es die 2048 zu bilden. Nach jedem Spielzug kommt eine neue Zahl hinzu.

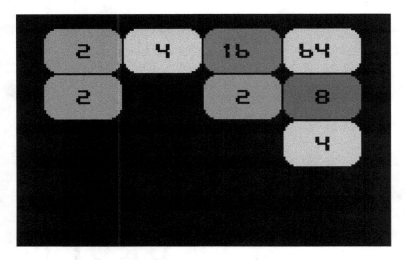

Schon seit Anfang der 90er Jahre veröffentlicht pirx als Mitglied der Demogruppe "Our 5oft" Spiele und Demos für den kleinen Atari. Die bekanntesten waren die Spiele "Operation Blood", "Special Forces" und "Bank Bang!". In neuerer Zeit stehen auf seiner Produktivliste die Demos "No Signal" und das Multiplayer-Spiel "Scorch". Mit seinen Spielen "2048" und "Flappy" im Rahmen des 10-Zeilen-Wettbewerbs erregte er erneut Aufsehen.

DAS LISTING

```
0 GRAPHICS %0:V=DPEEK($58):W=V:POKE $5
2,%0:MOVE $E000,$B400,$0400:MOVE ADR("
▓▓▓▓▓▓▓♥▓▓▓▓▓▓▓▓▓▓99A99 ▓9G909q9 ▓ ▒▒ ??
▒ ▒▒C ▒▒999 ▒▒▒▒ ▒ ??▒ ???▒ 99 ▒▒ ▒
▒▒▒ 99 99 ▒ 99 ▒▒▒▒ ▲ ??▒▶▶▶▶▶▶▶ ▒▒
▓◀◀◀◀◀▶▶?→◥◥◀◢◢◣X▒C◥◀◀◀◀◀◀◀◀◀"),$B470
,$90:POKE $02F4,$B4
1 O=ADR("◢C♥◪C"):F=$04:DIM A(F,F):POKE
752,%1:DL=$B000:DPOKE DL,$7070:J=DL+%2
:FOR I=%1 TO 13:POKE J,$47:J=J+%1:DPOK
E J,W:J=J+%2:W=W+40:NEXT I:POKE J,$41:
J=J+%1:DPOKE J,DL:J=J+%2:? :? "":;;;<//
2/?=...>":? "":;;;</
//8/?=...>"
2 ? "":;;;</16/?=...>":? "":;;;</32?=.
.>":? "":;;;</64/?=...>":? "":;;;</128?=
...>":? "":;;;</256?=...>":? "":;;;</512
?=...>":? "":;;;<1024?=...>":? "":;;;<20
47?=...>":T=J:FOR Y=%0 TO $0B:FOR M=%0
   TO $0E:A=PEEK(V+Y*$28+M):POKE J,A!PEE
K(O+Y MOD F):J=J+%1
3 NEXT M:NEXT Y:DPOKE $0230,DL
4 # 5:CLS :FOR X=%1 TO F:FOR Y=%1 TO F
:A(X,Y)=%0:NEXT Y:NEXT X
5 # R:POKE $02FC,$FF:E=%1:FOR X=%1 TO
F:FOR Y=%1 TO F:IF NOT A(X,Y):E=%0:EXI
T :ENDIF :NEXT Y:NEXT X:IF E:POSITION
5,5:A=PEEK(V):? "GaMe   OVEr";:POKE V,A
:GET X:GO# 5:ENDIF :X=RAND(F)+%1:Y=RAN
D(F)+%1:IF A(X,Y)=%0:A(X,Y)=1:ELSE :GO
# R:ENDIF
6 FOR Y=%0 TO %3:FOR X=%0 TO %3:A=A(X+
%1,Y+%1):FOR M=%0 TO %2:MOVE T+$05*(A+
A+A+M),V+$05*($08*(Y+Y+Y+M)+X),$05:NEX
T M:NEXT X:NEXT Y
7 DO  :K=PEEK($02FC)&$3F:IF  K=$0E:G=%2:
H=-%1:K=H:L=F:M=%1:GO# UP:ENDIF :IF K=
$0F:G=%3:L=%1:M=-%1:H=%1:K=%1:GO# UP:E
NDIF :IF K=$06:G=%2:H=F:K=%1:L=-%1:M=-
%1:GO# LEFT:ENDIF :IF K=$07:G=%3:H=%1:
K=-%1:L=%1:M=%1:GO# LEFT:ENDIF :LOOP
8 # UP:FOR X=%1 TO F:FOR I=G TO L STEP
 M:FOR Y=I TO G STEP H:IF A(X,Y+K)=%0:
A(X,Y+K)=A(X,Y):A(X,Y)=%0:ELSE :IF A(X
,Y+K)=A(X,Y):A(X,Y+K)=A(X,Y+K)+%1:A(X,
Y)=%0:ENDIF :ENDIF :NEXT Y:NEXT I:NEXT
   X:GO# R
9 # LEFT:FOR Y=1 TO F:FOR I=G TO H STE
P K:FOR X=I TO G STEP L:IF A(X+M,Y)=%0
:A(X+M,Y)=A(X,Y):A(X,Y)=%0:ELSE :IF A(
X+M,Y)=A(X,Y):A(X+M,Y)=A(X+M,Y)+%1:A(X
,Y)=%0:ENDIF :ENDIF :NEXT X:NEXT I:NEX
T Y:GO# R
```

ABYSS

Programmiert von Jakub Debski
1000 Tage verbleiben einem bis zur Explosion des Universums. Wie sollte man diese Zeit sinnvoll nutzen? Indem man so viel Geld scheffelt wie möglich. Dazu begibt sich auf Handelsmission in der Galaxie mit den Planeten mit den Namen A bis H. Jeder Planet hat ein Angebot von Gütern, wie Nahrung, Erz, Tiere, Maschinen, Roboter, Waffen, Medizin und Edelsteine. Jeder Planet benötigt auch Güter. Erkennen kann man das in der Marktübersicht des Planeten. In der Spalte "PLANET" sind die Güter, an denen der Planet Bedarf hat, mit einer negativen Zahl gekennzeichnet und mit einer positiven Zahl, wenn der Planet einen Überschuss dieser Güter hat. Die Preise entwickeln sich gemäß den Gesetzen des Marktes: Ist die Nachfrage gestillt, sinken die Preise; ist die Nachfrage hoch, steigen sie.
Damit aber noch nicht genug. Es gibt noch andere Möglichkeiten Geld zu verdienen. Zum einen ist es das Schürfen von Erz auf den unbewohnten Asteroiden (auf der Sternenkarte durch einen ausgefüllte Kreise zu erkennen); geschürft wird automatisch durch Berührung und ist eine gute Einnahmequelle, da man keine Anschaffungskosten hat. Vorsichtig muss man dennoch sein, da man sich den Laderaum mit dem Erz vollfüllt, der dann für die Füllung mit Treibstoff nicht zur Verfügung steht. Zum anderen ist es das Erfüllen von Missionen. Die Mission ist in der Statuszeile angegeben. "E-484-$2627" bedeutet: Fliege zum Planeten E bis zum Tag 484, dann bekommst du 2627 Dollar.
Abyss ist eine komplexe Weltraumwirtschaftssimulation, eine Art "Elite" in 10 Zeilen. Prädikat: Unglaublich!

Jakub, besser bekannt als "ilmenit", ist der Spezialist für Strategiespiele auf dem Atari. Mit "His Dark Majesty" und "The Hunt" programmierte er fabelhafte Strategiespiele und verhalf diesem fast vergessenen Genre auf dem Atari zu neuem Glanz.
http://hdm.atari.pl , http://www.alamak0ta.republika.pl/thehunt.html

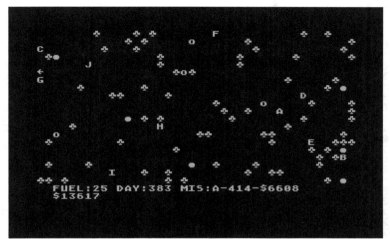

Sternenkarte: Das Raumschiff (Pfeil) befindet sich beim Planeten G ganz links. Die Kreuz-Zeichen sind schwarze Löcher. Kommt man ihnen zu nah, wird das Schiff beschädigt und der Laderaum wird kleiner.

	PRICE	PLANET	SHIP	
FUEL	5	89	11	!
FOOD	25	-97	0	
ANIMALS	25	21	0	
ORE	33	63	0	
MACHINES	66	40	0	
ROBOTS	175	-47	0	
MEDICINES	283	-23	0	
WEAPONS	320	44	0	
GEMS	662	10	0	
CARGO HOLD	1067	20	9	
$6201				

Marktübersicht: Beladen wird das Schiff mit Joystick rechts, entladen mit Joystick links. Laderaum (CARGO HOLD) kann man nur dazukaufen, wenn er nicht voll beladen ist.

DAS LISTING

```
0 DIM M$(800),N$(11),P(10,10),E(10),F(
10),B(10):GRAPHICS 0:COLOR 149:TEXT 0,
6,"ABYSS":POKE 755,0:L=150:E(0)=10:E(9
)=10:AM=ADR(M$):SM=DPEEK(88):G=SM+420
1 FOR I=0 TO 9:POKE AM+(I*240+RAND(39)
+400) MOD 800,33+I:POKE AM+RAND(39)+I*
80+40,84:FOR J=0 TO 9:P(I,J)=RAND(200)
-100:NEXT J:NEXT I:POSITION 7,15:? "v1
.3 by Jakub Debski '2014":WHILE STRIG(
0):WEND
2 MOVE AM,SM,800:R=PEEK(G):POKE G,94:P
OKE 710,32*(E(0)<5)+128*(R=80):E(0)=E(
0)-(R=80):IF (R=84)&(E(0)>4):POKE AM+G
-SM,111:E(3)=E(3)+E(9):E(9)=0:T=0:ENDI
F
3 IF T:D=D+1:IF NOT D MOD 5:E(0)=E(0)-
1:E(9)=E(9)+1:R=RAND(800):IF PEEK(AM+R
)=0:POKE AM+R,80:ENDIF :ENDIF :ENDIF :
IF D>=K:R=RAND(20):K=D+R+15:Q=(20+D)*5
+RAND(D*15):Z=(Z+8) MOD 10:ENDIF
4 POSITION 2,20:? "FUEL:";E(0);" DAY:"
;D;" MIS:";CHR$(Z+65);"-";K;"-$";Q;"
":IF E(0)<1 OR D>999:? :? "GAME OVER":
WHILE STRIG(0):WEND :RUN :ENDIF :S=STI
CK(0):S=(S=7)-(S=11)+40*((S=13)-(S=14)
):IF S:T=S:ENDIF
5 H=G+T:IF H MOD 40<>31 AND H>=SM AND
H<SM+800:C=PEEK(H):IF C<59 AND C:C=C-3
3:CLS :POSITION 13,0:? "PRICE    PLANET
 SHIP":IF C=Z:L=L+Q:K=0:ENDIF :GOTO 6:
ENDIF :G=G+T:ENDIF :PAUSE 8:GOTO 2
6 RESTORE :Y=Y+((S=13)-(S=14)):Y=ABS(Y
) MOD 10:X=(S=7)-(S=11):FOR I=0 TO 9:R
EAD N$:J=I*2+1:POSITION 33,J:? CHR$(32
+(I=Y)):IF I=Y OR T OR I=9:IF T:R=D-B(
C):IF R>50:R=50
7 ENDIF :A=P(C,I)+RAND(R)-RAND(R):IF A
BS(A)>99:A=99*SGN(A):ENDIF :IF I=0 OR
I=9:A=ABS(A):ENDIF :P(C,I)=A:F(I)=1.7^
I*10:F(I)=INT(F(I)-F(I)*A/200):POSITIO
N 0,J:? N$:POSITION 13,J:? F(I):ENDIF
:POSITION 20,J:? P(C,I);" ":POSITION 2
8,J:? E(I);" "
8 IF I=Y AND X AND T=0:A=SGN(P(C,I)):I
F E(I*(A<0)+9*(A>0)) AND L>A*F(I):L=L-
A*F(I):P(C,I)=P(C,I)-A:E(I)=E(I)+A:IF
I<9:E(9)=E(9)-A:ENDIF :ENDIF :ENDIF :E
NDIF :NEXT I:T=0
9 S=STICK(0):? :? "$";L;" ":IF NOT STR
IG(0):B(C)=D:POKE 77,0:GOTO 2:ENDIF :G
OTO 6:DATA FUEL,FOOD,ANIMALS,ORE,MACHI
NES,ROBOTS,MEDICINES,WEAPONS,GEMS,CARG
O HOLD
```

ATLAS *TXL*

Programmiert von Henrik Fisch

Atlantis von Imagic war ein großer Hit auf Ataris 2600er Konsole. Atlas TXL von "island2live" orientiert sich an dem Klassiker. Die feindlichen Raumschiffe versuchen ohne von den Verteidigungsanlagen getroffen zu werden die Planetenoberfläche zu erreichen. Das versucht man natürlich zu vermeiden. Drei Kanonen stehen dazu zur Verfügung. Die linke wird aktiviert, indem man den Joystick nach links drückt und den Button betätigt, die rechte analog dazu nach rechts und die mittlere benötigt nur einen Druck auf den Joystickbutton. Nach jeder Runde kommt das gegnerische Raumschiff eine Stufe weiter nach unten. Wenn es ganz unten angelangt ist, verliert man eines der drei Leben.

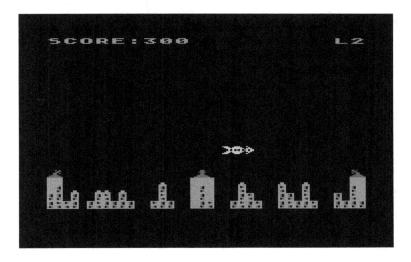

Henrik ist besonders den deutschen Atari-Fans ein Begriff. Er war Redakteur der bekannten Computerzeitschrift "Happy Computer" und hielt dort bis zum Schluss die Atari-Fahne hoch. Jahrelang ist er schon Mitglied beim ABBUC, hatte sich dort aber nicht zu erkennen gegeben. Erst im AtariAge-Forum meldete er sich vor kurzem zu Wort. Er konnte auch gleich motiviert werden, beim Tenliners-Wettbewerb teilzunehmen.

DAS LISTING

```
0 C=$B800:D=ADR("pppf@<p┤┤┤┤┤┤┤┤┤┤┤┤┤┤┤
┤┤┤A <0"):F=ADR(" L*▓▒/| *//* ▒/┤
<*< ▓▓ (*<*| | *< *▓▓▓*<| (▓▓▓< ▓▓ <▓<
<UgggUMMUUMMUUqqU♥♥♥♥♥.■UUUUUUUU♥♥♥♥♥
┘♥♥♥<< <>< <?? ♥♥♥♥♥@p♥♥♥♥┘┘.?<?L<<?L@p?>3<.3┘.
?♭♥♥♥@@p?>♥<<<g<<♥"):S=$BC40:T=$BC00
1 U=ADR("OP♥♥♥♥♥♥♥♥♥♥♥♥♥♥♥LMN♥♥♥♥♥♥♥
♥♥♥♥♥♥QRKK♥♥♥♥♥♥♥♥♥♥♥♥♥J♥♥♥KKK♥♥♥J♥♥
♥J♥♥♥♥♥♥KKKH♥J♥♥JJ♥♥J♥♥KHK♥♥♥I♥♥♥♥I♥
♥H♥♥♥♥HKHH♥H♥♥HI♥H♥♥♥I♥♥KHK♥♥♥HI♥♥HH
♥I♥♥♥H♥IKHIIH♥HIHHHH♥♥IHH♥♥KHI♥♥HIHI♥♥HI
HHI♥♥HHHHH"):X=ADR("♥♥♥♥@ABCDEFG"):B=3
2 POKE 82,0:CLS :MOVE $E000,C,1024:MOVE
F,$BA00,160:POKE $02F4,$B8:MOVE D,T,30:D
POKE $0230,T:MOVE U,$BEAC,200:G=3:EXEC 5
:WHILE B
3    IF K=0:SOUND 1,0,0,0:IF RND(0)>0.9:K
=INT(RND(0)*2+1):L=INT(RND(0)*(2+(A)999)
)+1)*((K=1)*-1+(K=2)):M=(K=1)*36-L:N=0:O
=20:Q=0
4 SOUND 1,12,8,15:ENDIF :ENDIF :IF K:MOV
E X,5+0,4:IF Q:K=0:ENDIF :ENDIF :IF K:M=
M+L:IF M<0 OR M>36:N=N+4:IF N>12:K=0:B=B
-1:G=1:EXEC 5:SOUND 1,64,8,15:PAUSE 50
5    SOUND 1,0,0,0:ELSE :M=(K=1)*36:E
NDIF :ENDIF :ENDIF :IF K:O=N*40+M+20:MOV
E X+K*4,5+0,4:ENDIF :IF W=0:SOUND 0,0,0,
0:IF NOT (STRIG(0)):I=STICK(0) EXOR 15:W
=639:V=40:Z=50
6    IF I&4:W=620:V=38:Z=200:ENDIF :IF
I&8:W=659:V=42:Z=200:ENDIF :ENDIF :ENDIF
:IF W:IF W<620:POKE 5+W,0:ENDIF :W=(W-V
)*(W>61):IF W:I=PEEK(5+W):POKE 5+W,211:I
F I
7    A=A+Z:G=2:EXEC 5:IF Z>50:E=E+1:I
F (E MOD 3)=0:B=B+1:G=1:EXEC 5:ENDIF :EN
DIF :SOUND 0,64,6,15:PAUSE 100:SOUND 0,0
,0,0:W=0:Q=1:ELSE
8 SOUND 0,255-W/4,10,15:ENDIF :ENDIF :EN
DIF :PAUSE 1:WEND :SOUND 0,128,8,15:FOR
I=1 TO 150:SETCOLOR 4,4,RND(0)*15:PAUSE
0:NEXT I:SETCOLOR 4,0,0:GRAPHICS 0:END
9 PROC 5:IF (G&1):POSITION 18,0:IF B>9:?
"L+":ELSE :? "L";B:ENDIF :ENDIF :IF (G&
2):POSITION 0,0:IF A>9999:? "SCORE:+++"
:ELSE :? "SCORE:";A:ENDIF :ENDIF :ENDPRO
C
```

CAVERN 10

Programmiert von Lyren Brown
Das kann doch nicht sein!? Caverns of Mars in einer 1:1-Umsetzung in
10 Zeilen? Das geht doch nicht! Das Erstaunen ist schon immens; fast
schon verstört schaut man sich immer wieder den Code an. Ja, es sind
nur 10 Zeilen! Etwas erleichtert ist man dann schon, wenn man die Un-
terschiede zum Original feststellt. Die Grafik wurde zwar 1:1 übernom-
men, für die Bordkanone fehlten wohl ein bis zwei Zeilen ... Man kann
also nicht schießen. Die Scoreanzeige musste ebenfalls weichen und die
finale Flucht aus der Kaverne muss man auch nicht antreten. Der Sound
dagegen ist ziemlich gut getroffen. So bleibt es ein Hindernisrennen
durch die Marskulisse bis zum Ziel am Höhlenboden. Hat man das Ziel
erreicht, beginnt das Spiel von vorne.

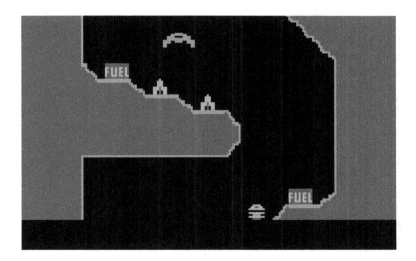

DAS LISTING

```
1 MOVE ADR("... [graphics] ..."),$A0DB,220
2 MOVE ADR("... [graphics] ..."),$A1B7,220
3 MOVE ADR("... [graphics] ..."),$A293,208

4 MOVE ADR("... [graphics] ..."),$A363,219
5 MOVE ADR("... [graphics] ..."),$A43E,186:I=$A000:O=$4800:W
HILE I<$A4F8
6      0;:L=PEEK(I):MO=DPEEK(I+1):R=L D
IV 16:M=L&15:I=I+3:IF R=15:R=PEEK(I):I
=I+1:ENDIF :IF M=15:M=DPEEK(I):I=I+2:E
NDIF :MOVE I,O,R:I=I+R:O=O+R:MOVE O-MO
,O,M+4:O=O+M+4:WEND :PAUSE 0:MOVE $4A0
3,$D400,15

7 MOVE $4A12,$D000,31:DO :V=0:POKE $D0
1E,0:S=$5000:X=100:SOUND 0,0,10,6:REPE
AT :V=V+1:IF V=16:V=0:S=S+32:ENDIF :J=
PEEK($D300):X=X+(J=$F7)-(J=$FB):WHILE
PEEK($D40B)<82:WEND
8      DPOKE $49D1,5:POKE $D405,V:POKE
$D000,X:MOVE $49E3+V,$D200,1:MOVE $49F
3+V,$D018,1:UNTIL PEEK($D004) OR PEEK(
$D00C):IF S>=$76E0:FOR I=0 TO 128:MOVE
 $4A31+I,$D200,1:WHILE PEEK($D40B)>12:
WEND :NEXT I
9    ELSE :SOUND 0,48,0,15:ENDIF :FOR I
=0 TO 999:NEXT I:POKE $D000,0:LOOP
```

CRACK MY LUGGAGE

Programmiert von Ryan Collins
Der Vorgänger zu "Crack My Luggage" war "GozMind". Gozmind war
ein Mastermind-Klon mit den Symbolen *!@#$%& - sehr gut spielbar,
aber grafisch nur zweckmäßig. Gozar war von Bill Kendricks Zeichenum-
definition bei Minijong so begeistert, dass er das zum Vorbild für sein ei-
genes Programm nahm. Statt Symbole hatte er nun Zahlen in seinem
Spiel.

Die Vorgeschichte
Ich bin auch blöd, ich hab die Zahlenkombination für mein Gepäck verloren und nun muss es geknackt werden, damit ich wieder an meine Sachen
komme! Auch wenn ich mich nicht an die Kombination erinnern kann,
ich denke, die Zahlen werden mir vertraut vorkommen, wenn du rätst.
Nachdem du geraten hast, kann ich dir sagen, wie viel Zahlen davon richtig sind und ob sie an der richtigen Position stehen. Richtige Zahlen an
der richtigen Position werden mit einem ausgefüllten Kreis gekennzeichnet. An der falschen Position gibt es einen hohlen Kreis. Die Reihenfolge
der Kreise spielt aber keine Rolle.

Wie gespielt wird
Gespielt wird mit einem Joystick im linken Joystickport. Nach Pro-
grammstart bleibt der Bildschirm für einen Augenblick schwarz. Danach
baut sich das Spielfeld auf. Mit Joystick hoch/runter wählt man eine
Nummer von null bis fünf. Mit dem Joystickknopf bestätigt man die Aus-
wahl. Das Spiel endet, sobald man den richtigen Code erraten hat oder
nach dem zehnten Versuch noch daneben liegt.

Tagsüber kümmert sich "gozar" um die technischen Einrichtungen in einem Schulbezirk in Ohio. Nachts dagegen taucht er in die Tiefen des Ata-
ri-8-Bit-Computings ab. Er hat bereits eine Menge an Atari-Hardware an-
gesammelt, beschäftigt sich jedoch am liebsten mit seinem Atari 800 XL,
den er seit Weihnachten 1984 besitzt. Nach einer 10- bis 15jährigen Pau-
se versucht er jetzt alles das wieder zu erlernen, was er in dieser Zeit vergessen hat. Außerdem möchte er endlich die Programmiersprache Acti-

on! lernen. Antreffen kann man ihn im AtariAge-Forum oder auf seinem Blog bei www.gtia.com.

DAS LISTING

```
10 DIM O(4),A$(4),H$(1),M$(1),B$(1),S(
4),G(4):H$="*":M$="O":B$=" "
80 GRAPHICS 18:Y=1:POKE 559,0:CH=PEEK(
106)-16:POKE 756,CH:CH=CH*256:FOR I=0
TO 1024:A=127-PEEK(57344+I):IF A<0 THE
N A=0:ENDIF
130 POKE CH+I,A:NEXT I:DPOKE 708,2710:
DPOKE 710,3868:FOR Z=1 TO 4:S(Z)=RAND(
6):NEXT Z:POSITION 2,0:? #6;"crack my
luggage"
250 FOR I=0 TO 7:POKE CH+I,85+(85*(I M
OD 2)):POKE CH+I+80,127-PEEK(58016+I):
NEXT I:FOR Z=1 TO 4:G(Z)=0:NEXT Z:POKE
 559,34
360 C=1:CG=G(C):LC=C:A$="....":REPEAT
:PAUSE 5:POSITION 5,Y:FOR Z=1 TO 4:? #
6;STR$(G(Z));:NEXT Z:? #6;" ";A$:POSIT
ION 4+C,Y:? #6;CHR$(ASC(STR$(G(C)))+12
8)

450 D=STICK(0):DX=(D=7)-(D=11):DY=(D=1
4)-(D=13):C=C+DX:IF C>4:C=1:ENDIF :IF
C<1:C=4:ENDIF :IF C<>LC:CG=G(C):ENDIF
:CG=DY+CG:IF CG>5:CG=0:ENDIF
580 IF CG<0:CG=5:ENDIF :G(C)=CG:LC=C:U
NTIL STRIG(0)=0:EXEC SOLVE:POSITION 10
,Y:? #6;A$:Y=Y+1:IF A$="****":POSITION
 6,Y:? #6;"you win!":ELSE
750    IF Y=11:POSITION 5,Y:? #6;"you
lose!":ELSE :GOTO 360:ENDIF :ENDIF :PA
USE 5:REPEAT :UNTIL STRIG(0)=0:GOTO 80

930 PROC SOLVE:P=1:FOR Z=1 TO 4:O(Z)=S
(Z):IF G(Z)=O(Z):A$(P,P)=H$:P=P+1:O(Z)
=7:ENDIF :NEXT Z:FOR Z=1 TO 4:FOR X=1
TO 4:IF G(X)=O(Z)
1080          A$(P,P)=M$:P=P+1:O(Z)=7:E
NDIF :NEXT X:NEXT Z:ENDPROC
```

DRUNK PISTOL

Programmiert von Rafal Chabowski
Betrunken sollte man tunlichst nicht in der Gegend rumballern. Naja, eigentlich sollte man gar nicht in der Gegend rumballern! Dafür hat man ja schließlich einen Atari. Dort kann man mit Freude auf grüne Rechtecke schießen, ohne dass es jemanden stört. Der hellgrüne Zielpunkt bewegt sich ungelenk und zitternd über den Bildschirm. Wenn man ein grünes Rechteck im Visier hat, muss man schnell auf den Feuerknopf drücken, ehe der Zielpunkt wieder weitergewandert ist. Hat man das Magazin mit 25 Schüssen verschossen, ist das Spiel beendet. Schnell noch ein Spiel und die Anzahl der Treffer verbessern!

mgr inz. Rafal, so der Nickname Rafals, hat schon einige Spiele auf seinem Konto. Dabei bewies er immer einen besonderen Sinn für Humor. Humor, den nicht jeder teilt, da seine Spielideen oft sehr unappetitlich waren. "Gruczol Grubasa" und "Wybierak do stolca" lässt man besser unübersetzt. "Biedny Pies Antoni" heißt so viel wie "der blöde Hund Anton" und wurde in mehreren Versionen von Rafal veröffentlicht. Sein neuestes Werk "Exoter" ist ein Adventure, das in mehreren Sprachen erschien, sogar auf Deutsch.

DAS LISTING

```
0 GRAPHICS 7:POKE 559,0:POKE 82,3:COLO
R 1:FOR A=0 TO 40:X=RAND(150):Y=RAND(7
0):FOR B=0 TO 3:PLOT X+B,Y:DRAWTO X+B,
Y+4:NEXT B:NEXT A:DIM O(15),P(15):GOSU
B 100
2 TRAP 2:POKE 559,34:POKE 755,0:X=80:Y
=40:SETCOLOR 1,12,14:SETCOLOR 2,3,6:SE
TCOLOR 0,10,6
3 POKE 77,0:H=X:J=Y:LOCATE X,Y,C:COLOR
 2:PLOT X,Y:PAUSE 1:Q=RAND(3)-1:W=RAND
(3)-1:COLOR C:PLOT X,Y:X=X+Q:Y=Y+W:R=S
TICK(0):X=X+O(R):Y=Y+P(R):IF Y>79 THEN
 2
4 IF STRIG(0)=1 THEN 3:DATA 1,1,1,-1,1
,0,0,0,-1,1,-1,-1,-1,0,0,0,0,1,0,-1,0,
0
5 IF C=1 THEN COLOR 0:FOR B=0 TO 5:SOU
ND 1,120+(-B)*5,14,15:CIRCLE X,Y,B:NEX
T B:PLOT X,Y:SOUND 1,0,0,0:G=G+1:POKE
657,12:POKE 656,3:? G;:GOSUB 200:GOTO
3
6 FOR B=0 TO 5:SOUND 1,120+B*5,14,15:N
EXT B:SOUND 1,0,0,0:COLOR 3:PLOT H,J:G
OSUB 200:GOTO 3
100 FOR A=5 TO 15:READ B,C:O(A)=B:P(A)
=C:NEXT A:V=25:G=0:? :? :? :? :? "  DR
UNK PISTOL by mgr inz. Rafal":? :? "BU
LLETS: ●●●●●●●●●●●●●●●●●●●●●●●●●●":? "H
ITS:       0";:RETURN
200 V=V-1:POKE 657,V+12:POKE 656,2:? "
.";:IF V>0 THEN RETURN
300 COLOR 2:CIRCLE 80,35,40,20:COLOR 3
:TEXT 52,32,"THE END":IF STRIG(0)=0 TH
EN CLR :GOTO 0
310 GOTO 300
```

FLAPPY

Programmiert von Pawel Kalinowski
Auf dem iPhone verursachte Flappy Bird einen beispiellosen Hype. Millionenfach wurde das einfache Spiel, bei dem man versuchen muss, einen kleinen Vogel durch Löcher in Rohren zu lotsen, verkauft. Dem vietnamesischen Entwickler war der Erfolg wohl selbst unheimlich und er entfernte das Spiel wieder aus dem Apple Store. Inzwischen ist es wieder da, angeblich in einer weniger süchtig machenden Version. Unzählige Nachahmer auf allen erdenklichen Plattformen hat das Spiel nach sich gezogen, aber dass man es auf dem Atari in 10 Zeilen programmieren kann und dann noch in perfekter Optik, damit war nicht zu rechnen.

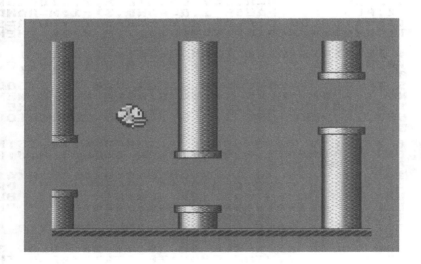

DAS LISTING

```
0 P=ADR("abcdefabcdefabcdefabcdefabcde
fabcdefabcdefabcdefabcdefabcdefabcdefa
bcdefabcdefabcdefghijklmmmmmmmmmmmmmmm
mmmmmmmmmmmmmmmmmmmmmmghijklabcdefabcde
fabcdefabcdefabcdefabcdefabcdefabcdefa
bcdefabcdefabcdefabcdefabcdef"):
S=$A000:L=$7F00
1 F=ADR("...K_w_K_w_K_KwK_KwK_w_K
_w_[]()[]()  ◆  ◆ *=5=5=5**[]_[][]_[]_ **_K
w]wK**]w]w]w***])[]_])*zn:n:n*♥♥♥♥♥♥♥♥
U]zk/]z"):G=ADR("♥♥♥♥♥♥♥♥pX[][][][][]♥
♥♥♥♥♥♥♥♥Phhx[][][]♥♥♥♥♥♥♥♥]-!y[]Xr??
♥♥♥♥♥♥♥♥]€/z+w_>]♥♥♥♥♥♥♥♥"):A=$780
0:POKE A,0
2 MOVE A,A+1,$4000:FOR D=0 TO 53:X=D*1
28:POKE $7C00+D,$6E:POKE L+X,$70:POKE
L+X+1,$46
3    DPOKE L+X+2,DPEEK(88):POKE L+X+4,$
70:O=5:FOR I=0 TO 23:POKE L+X+O,$54:DP
OKE L+X+O+1,5+$0100*I+D*4:O=O+3:NEXT I
4 POKE L+X+O,84:DPOKE L+X+O+1,$7C00:PO
KE L+X+O+3,65:DPOKE L+X+O+4,L+X:? " ";
:NEXT D:MOVE $E000,$7800,1024:MOVE F,$
7800+97*8,14*8:POKE 756,$78:DPOKE $023
0,L:TRAP #R:DO :READ V:READ A:POKE V,A
:LOOP
5 # R:POKE $9A00,0:MOVE $9A00,$9A01,51
2:FOR X=0 TO 255-40 STEP 18
6    Z=P+RAND(13)*6:FOR Y=0 TO 23:V=Y*2
56:MOVE Z,5+X+V,6:Z=Z+6:NEXT Y:NEXT X:
FOR Y=0 TO 23:V=Y*256:MOVE 5+V,5+216+V
,40:NEXT Y:CLS :V=-1:A=0.25:Y=40:Z=-1
8 # L:POKE 764,255:POKE $D01E,0:FOR D=
0 TO 53:DPOKE $0230,L+D*128:PAUSE 0:FO
R I=15 TO 0 STEP -1:POKE $D404,I:MOVE
G,$9A00+Y,28:MOVE G+20,$9A80+Y,28:MOVE
G+40,$9B00+Y,28
9 MOVE G+60,$9B80+Y,28:Y=Y+V:V=V+A:IF
PEEK(764)=33:V=-2:POKE 764,255:ENDIF :
IF PEEK($D004)>0 OR Y<4:GO# O:ENDIF :P
AUSE 0:NEXT I:IF D MOD 4=0:Z=Z+1:POSIT
ION 0,0:? "SCORE: ";Z:ENDIF :NEXT D:GO
# L
13 # O:POSITION 0,0:? "GAME OVER. SCOR
E:";Z:PAUSE 5:GO# R:DATA 54279,154,623
,49,53277,3,53256,0,53257,0,53258,0,53
259,0,53260,255,53248,88,53249,88,5325
0,80,53251,80,559,46,704,20,705,42,706
,20,707,42,712,150,712,150,708,184,709
,178,710,180,711,188
```

HANGED MAN

Programmiert von Jakub Husak
Hierzulande als "Galgenmännchen" bekannt, ist das Spiel schon seit Generationen ein beliebter Zeitvertreib während des langweiligen Matheunterrichts. Nicht nur mit Papier und Stift gegen menschliche Gegner bringt das Spiel Spaß – am Atari gegen den Computer ist es mindestens ebenso spaßig. Für jeden Buchstaben, den man falsch rät, wird der Galgen ein Stück mehr vervollständigt. Das Wort muss man erraten haben, bevor man komplett hängt. Wer meint, er könne cheaten und die Wörter im Quellcode ausspähen, der irrt. Die 25 zu erratenden Wörter sind kodiert und bieten so einen längeren Spielspaß.

Jakub ist einer DER Musiker auf dem kleinen Atari. Schon in den 90er Jahren komponierte er unzählige Titelsongs der Spielewelle aus Polen, wie z. B. "Tanks", "Bank Bang", "Barbarian", "Problem Jasia" und "Aquanaut". Nach einer Atari-Pause war er in den 2000ern wieder da und steuerte die fantastische Musik zu "Scorpions V2.0" oder "His Dark Majesty" bei. Einblick in seine Hobbys gewährt Jakub uns auf seinem Blog: www.husak.com.pl

DAS LISTING

```
0 GRAPHICS 18:DIM A$(3),W$(20),R$(20),
K$(1),T$(20):POKE 756,PEEK(756)+2:DATA
|12,|13,|14,|15,|16,-07,⊥17,-27,;,/22
,.,⊤11,-21,-31,⊤41,|42,043,.,□43,.,|44
,.,/34,.,\54,.,|35,.,|55,..
1 # B:POKE 708,0:W=0:Q=RND(0)*53:RESTO
RE 1:FOR I=0 TO Q:READ W$:NEXT I:RESTO
RE 0:FOR I=1 TO LEN(W$):W$(I,I)=CHR$(A
SC(W$(I,I))-1):NEXT I:REM 2014 by Jaku
b Husak
2 POSITION 8,1:? #6;"do not let
     to hang me up":R$="":FOR I=1 TO LEN(
W$):R$(I,I)=CHR$(148):NEXT I:A$="":K$=
INKEY$:GO# L
3 # M:GOSUB 7:DATA BUBSJ,DJUZMFTT,TBMU
XBUFS,QSPNPEFSO,QSFUFOEFS,BNVTFS,BUBSJ
,DBSUSJEHF,KPZTÚJDL,USBNJFM,HFOFSBUPS,
KBLVC,IVTBL,ESBDPOVT,GSBDUBMVT
4 # L:IF LEN(A$)=2:POSITION 2,11:? #6;
"hanging hanging":GOSUB 9:GO# B:ENDIF
:GOSUB 8:T$=R$:DATA QPTJUJPO,UIFPMPHZ,
UFDIOPMPHZ,TQFDUSPMPHZ,TFJTNPMPHJTU
5 K$=INKEY$:IF LEN(K$)=0:GOTO 5:ENDIF
:FOR I=1 TO LEN(W$):IF K$=W$(I,I):R$(I
,I)=CHR$(ASC(K$)+128):ENDIF :NEXT I:DA
TA NJOFSBMJTFS,EBSXJOJTU,DPOUSPMMFS,SF
XSJUFS
6 T=INSTR(R$,CHR$(148)):IF T=0:POSITIO
N 1,11:? #6;"thank you for life":GOSUB
9:GO# B:ENDIF :IF R$<>T$:GO# L:ENDIF
:GO# M:DATA QSPNJTFF,FOEPSTPS,TQFMVOLF
S,TUSJQUFBTFS
7 # D:READ A$:IF LEN(A$)<3:RETURN :END
IF :COLOR ASC(A$(1,1)):PLOT VAL(A$(2,2
)),VAL(A$(3,3)):GO# D:DATA DPOWFSUFS,Q
MBÖFUPJE,QSPGFTTPS,VOEFSXPSL,QPMB5JTF,
PSUIPEPY,QIPOPHSBN,CPEZHVBSE,VONFBTVSF
E
8 # P:POSITION 10-LEN(W$)/2,9:? #6;R$:
IF W=0:RETURN :ENDIF :PAUSE 150:? #6;C
HR$($7D):RETURN :DATA DPOUJOFOU,PWF5SB
OL,FMBTUJD,OJHIUJOHBMF,XFBUIFSQSPPG,HM
PCFUSPUUJOH,NJTGPDVTFE,QSPEVDUJPO,DPNJ
DBM
9 # R:W=1:FOR I=1 TO LEN(W$):R$(I,I)=C
HR$(ASC(W$(I,I))+128):NEXT I:GO# P:DAT
A FYPSDJTU,HVBSBOUFF,FKFDUJPO,LJOFUJD,
VOEFSDMPUI,QSPQZMFOF,IJTUPHSBN
```

ISOL

Programmiert von Bill Kendrick
Isol ist ein Spiel, dass dem Strategiespiel "Isolation" von John Dearden
nachempfunden ist. Isolation wurde in der amerikanischen C64-Zeit-
schrift "Compute!'s Gazette" im Mai 1990 veröffentlicht. Im selben Jahr
portierte Bill es in Atari-Basic, veröffentlichte es jedoch auf seiner Homepage erst im August 2013. Zum Anlass des BASIC-Tenliners-Wettbe-
werbs gelang es ihm, das Spielprinzip auf 10 Zeilen zu komprimieren
und dabei noch nett darzustellen.
Zu spielen ist Isol mit zwei bis vier Spielern, die den Joystick jeweils immer an den Spieler weitergeben, der an der Reihe ist. Ein Zug besteht aus
zwei Phasen: Bewegung und Angriff. In der ersten Phase bewegt man
seine Spielfigur (Zahl 1 bis 4) auf ein benachbartes Feld, diagonale Bewegung ist dabei erlaubt. Im Anschluss daran schießt man auf ein benachbartes Feld, das danach verschwindet und nicht mehr betreten werden
kann. Direkt auf Gegner kann man nicht schießen, man muss so schießen, dass den Gegnern letztlich keine Bewegungsmöglichkeit mehr
bleibt. Wer sich nicht mehr bewegen kann, hat das Spiel verloren. Weiße
Felder können nicht beschossen werden.

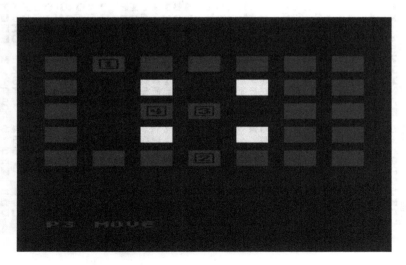

DAS LISTING

```
10 GRAPHICS 17:DIM A$(2),SZ(4),A(4):CH
=(PEEK(106)-16)*256:MOVE 57344,CH,1024
:POKE 756,CH/256:SC=DPEEK(88):DPOKE 70
8,210:SZ(0)=SC+106:SZ(1)=SC+232:SZ(2)=
SC+112:SZ(3)=SC+226
20 MOVE ADR("███████████████████"),CH+208
,16:MOVE ADR("███<on1n██████wwwnn1o███
ww7█████████olio████w7..7n1ho████ww-w██
██"),CH+8,64
30 MOVE ADR("███████olio████w7-7oilo████
██7█████████ooii████w777hooo████-77w███
█"),CH+72,64:POKE 712,192:DPOKE 710,23
567
40 OPEN #1,4,0,"K:":? #6;"PLAYERS?":RE
PEAT :GET #1,K:K=K-49:UNTIL K>0 AND K<
4:? #6;"K":FOR P=0 TO K:A(P)=1:NEXT P:
K1=1000:K2=2000:K3=3000
50 FOR Y=1 TO 5:A$="██":IF Y MOD 2:A$=
"";"":ENDIF :? #6:FOR I=1 TO 2:? #6;":;
:; ";A$;" :; ";A$;" :; :;":NEXT I:NE
XT Y:? #6:GOSUB K2
100 FOR P=0 TO K:SZ=SZ(P):POSITION 0,2
3:? #6;"P";P+1;" ";:N=63:GOSUB K3:IF A
Z=0:A(P)=0:? #6;"OVER":PAUSE 60:ELSE :
IF AC=0:? #6;"SKIP":PAUSE 60:ELSE :? #
6;"MOVE":GOSUB K1:C=PEEK(SZ)&192:C3=(2
6!C)*257
110         DPOKE SZ,C3:DPOKE SZ+20,C3:S
Z(P)=52:N=191:GOSUB K2:POSITION 3,23:G
OSUB K3:IF AC=0:? #6;"SKIP":PAUSE 60:E
LSE :? #6;"FIRE":GOSUB K1:DPOKE 52,0:D
POKE 52+20,0:ENDIF :ENDIF :ENDIF :NEXT
 P:GOTO 100
1000 REPEAT :REPEAT :S=STICK(0):UNTIL
STRIG(0)=0:S2=SZ(P)+((S&8=0)-(S&4=0))*
3+((S&2=0)-(S&1=0))*60:UNTIL PEEK(S2)&
N=26:REPEAT :UNTIL STRIG(0):RETURN
2000 FOR R=0 TO K:IF A(R):SZ=SZ(R):Q=1
+R*4:C=PEEK(SZ)&192:POKE SZ,Q!C:POKE S
Z+1,(Q+1)!C:POKE SZ+20,(Q+2)!C:POKE SZ
+21,(Q+3)!C:ENDIF :NEXT R:RETURN

3000 AZ=0:AC=0:XX=(SZ(P)-SC) MOD 20:FO
R Y=-1 TO 1:FOR X=-1+(XX=0) TO 1-(XX=1
8):IF X OR Y:W=PEEK(SZ(P)+Y*60+X*3)&N:
AZ=AZ+W:AC=AC+(W=26):ENDIF :NEXT X:NEX
T Y:RETURN
```

MINIMALIST GUATON

Programmiert von German Gonzalez-Morris
Gibt es Spielprinzipien, die nicht in 10 Zeilen zu realisieren sind? Scheinbar nicht. Wenn man auf grafische Spielereien verzichtet, ist sogar ein Pac-Man-Klon möglich. Minimalist Guaton von German Gonzalez-Morris ist so eine Pac-Man-Variante. Die Anzahl der Gespenster ist jedoch auf 1 reduziert und wird mit der Raute (#) dargestellt. Der Möchtegern-Pac-Man hat auch nur wenig Ähnlichkeit mit seinem Vorbild und wird durch ein schlichtes "O" dargestellt. Dem Spielspaß tut das jedoch keinen Abbruch. Es bringt mächtig Spaß, der Raute ein Schnäppchen zu schlagen und alle Punkte einzusammeln.

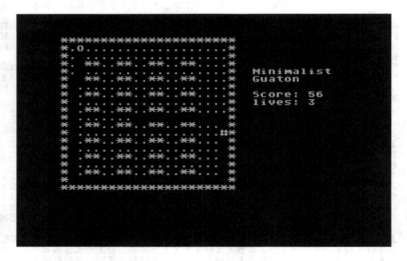

Neben den Vereinigten Staaten, Polen, Deutschland, Tschechien und England gibt es noch eine weitere Atari-Hochburg. In Chile gibt es eine stabile Anzahl von Atari-Anhängern, die in Foren, auf Homepages und in Blogs über ihr Hobby Atari-8-Bit diskutieren und berichten. Einer dieser Chilenen ist "devwebcl", der einen Atari-Blog schreibt (http://manillismo.blogspot.de/) und sich regelmäßig im AtariAge-Forum zu Wort meldet, unter anderem mit seinen Konvertierungen von Adventures mit Hilfe des AdventureWriters.

DAS LISTING

```
0 GRAPHICS 0:POKE 752,1:POKE 710,0:V=3
:? "XXXXXXXXXXXXXXXXXXXXXXXXX":FOR U=1 TO
 18:IF (U MOD 2=0) OR U=1:? "*........
.........*":ELSE :? "*..**..**..**.
.**....*":ENDIF :NEXT U:? "XXXXXXXXXXXX
XXXXXXXXXXX"
1 REM TODO: Special Character Set :(
2 POSITION 26,8:? "lives: ";V:IF V=0:G
OTO 2:ENDIF :POSITION FX,FY:? " ":FX=4
:FY=5:I=11:J=10:LOCATE FX,FY,L:IF L=46
:P=1:ENDIF :POSITION 26,4:? "Minimalis
t":POSITION 26,5:? "Guaton":POSITION 2
6,7:? "Score: ";F
3 POSITION I,J:? "O":IF FX=I AND FY=J:
V=V-1:X=0:GOTO 2:ENDIF :IF F=295:POSIT
ION 27,15:? " YOU WON! ":GOTO 3:ENDIF
:IF X=0:GOTO 12:ENDIF :IF X>0 AND X<7:
RETURN :ENDIF
6 S1=STICK(0):IF S1=15:GOTO 8:ENDIF :S
=S1:IF S<>7 AND S<>11 AND S<>13 AND S<
>14:GOTO 3:ENDIF
8 I1=(S=7)-(S=11):J1=(S=13)-(S=14):POS
ITION I,J:? " ":LOCATE I+I1,J+J1,L:IF
L=42:I1=0:J1=0:GOTO 3:ENDIF :IF L=46:F
=F+1:POSITION 33,7:? F:ENDIF :I=I+I1:J
=J+J1:GOTO 3
12 H=INT(RND*5)+1:IF ABS(H-W)=1 AND H+
W<>5:GOTO 12:ENDIF :W=H:IF W=5 OR (ABS
(FX-I)<5 AND ABS(FY-J)<5):GOTO 23:ENDI
F :L=6:FX1=(W=2)-(W=1):FY1=(W=4)-(W=3)
15 FOR X=1 TO L:POSITION FX,FY:? "#":I
F FX=I AND FY=J:V=V-1:X=0:GOTO 2:ENDIF
 :GOSUB 6:POSITION FX,FY:? " ":IF LF=4
6 OR P:POSITION FX,FY:? ".":P=1:ENDIF
:LOCATE FX+FX1,FY+FY1,LF
16 IF LF=42:GOTO 12:ENDIF :IF LF=32:P=
0:ENDIF :FX=FX+FX1:FY=FY+FY1:NEXT X:GO
TO 12
23 L=1:FX1=(FX<I AND (J1 OR I1=-1))-(F
X>I AND (J1 OR I1=+1)):FY1=(FY<J AND (
I1 OR J1=-1))-(FY>J AND (I1 OR J1=+1))
:IF SI<>I AND SJ<>J:SI=I:SJ=J:GOTO 15:
ENDIF :FX1=(FX<I)-(FX>I):IF FX1=0:FY1=
(FY<J)-(FY>J):ENDIF :GOTO 15
```

ROGUELIKE

Programmiert von Jakub Debski

"Rogue" ist ein Meilenstein der Computerspielgeschichte. Es bezeichnete den Übergang von reinen Textabenteuern ("Adventure", "Zork") zu grafikorientierten Rollenspielen. Die Grafik war allerdings sehr einfach und bestand aus ASCII-Zeichen, wie z.B. ein "@" für die Spielfigur oder eine Ziffer zwischen 1 und 9 für Monster. In der Folgezeit gab es eine Unmenge an Portierungen auf jede erdenkliche Computerplattform. Damit war Rogue der Urvater eines eigenen Genres, der "Rogue-likes".

"Ilmenit" nahm das Spielprinzip des Urahns aller modernen Computerrollenspiele wieder auf und schuf eine 10-Zeilen-Version. Dabei konnte er grundlegende Spielelemente erhalten. Die sieben Ebenen werden bei jedem Spiel zufällig neu generiert, sodass kein Spiel dem anderen gleicht. Man startet das Spiel mit 20 Hitpoints; das sind so eine Art "Lebenspunkte"; wenn die aufgebraucht sind, ist der Charakter gestorben.

In den ersten beiden Leveln hat man es noch mit leichten Gegnern mit den Stärken 1 bis 3 zu tun. Die Gegner bekämpft man, indem man in die Richtung des Gegners "läuft". Landet man einen Treffer, sinkt die Stärke des Monsters; sinkt die Stärke auf 0, ist das Monster besiegt. Landet der Gegner einen Treffer, reduzieren sich die eigenen Hitpoints. Wenn sich die Hitpoints einem bedrohlichem Tiefstand nähern, sollte man sie mit einem Heiltrank wieder auffüllen. Heiltränke kann man an einem einfachen "+" erkennen. Die maximale Anzahl an Hitpoints kann man mit einem "?" steigern. Ab Level 3 begegnen einem auch schon Gegner mit der Stärke 5 oder 6. Diese sollte man mit einer besseren als der anfänglichen Waffe bekämpfen. Waffen ("/") liegen in den Dungeons herum und werden aufgenommen, indem man über sie läuft. Aber Achtung! Die Waffe kann auch schlechter sein als die, die man gerade führt. Besitzt man zum Beispiel eine Waffe mit der Stärke 5, sollte man es sich ganz genau überlegen, ob man das Risiko eingeht, eine Waffe aufzunehmen. Im schlechtesten Fall hat man dann wieder eine 1er Waffe. Man verlässt den Level bei ">". Wenn man den siebten Level beendet, gewinnt man das Spiel, darf sich zurücklehnen und das erbeutete Gold ("$"), welches man auf seinen Abenteuern erbeutet hat, zählen.

DAS LISTING

```
5 GRAPHICS 18:REPEAT :POSITION 10,1:PR
INT #6,"roguelike - 10 LINES OF turbo
basic xl  BY JAKUB DEBSKI":UNTIL STR
IG(0)=0:DIM T$(20),MX(50),MY(50):T$="D
OK_QRSTUVWXYnopqrst"
10 GRAPHICS 17:SM=DPEEK(88):HP=20:HPM=
20:LEV=0:WPN=1:GOLD=0
20 LEV=LEV+1:FOR Y=0 TO 19:FOR X=0 TO
19:POKE SM+Y*20+X,131:NEXT X:NEXT Y:SE
TCOLOR 2,LEV*3,3:X=10:Y=10:PX=X:PY=Y:K
=0:M=0:IF LEV=8:POSITION 10,0:PRINT #6
,"YOU WIN!":REPEAT :UNTIL STRIG(0)=0
25    GOTO 10:ENDIF :FOR C=0 TO 20:I=RA
ND(18)+1:J=RAND(18)+1:REPEAT :K=K+1:V=
14:IF (K MOD 15)=0:V=ASC(T$(RAND(6+LEV
)+1)):ENDIF :P=SM+Y*20+X:D=PEEK(P):IF
D=131:POKE P,V:IF V>208:M=M+1:MX(M)=X
30        MY(M)=Y:ENDIF :ENDIF :IF RA
ND(2):X=X+((X(I)-(X>I)):ELSE :Y=Y+((Y<
J)-(Y>J)):ENDIF :UNTIL (X=I AND Y=J):N
EXT C:POKE SM+Y*20+X,30

200 POKE SM+PY*20+PX,96:POSITION 10,20
:PRINT #6,"level ";LEV;"  weapon ";WPN
;"  hp ";HP;"/";HPM;" gold ";GOLD;"
   ":IF HP<1:POSITION 10,0:PRINT #6,"GAM
E OVER!":REPEAT :UNTIL STRIG(0)=0:GOTO
 10:ENDIF :REPEAT :UNTIL STICK(0)<>15:
S=STICK(0)
205 V=(S=13)-(S=14):NY=PY+V:V=(S=7)-(S
=11):NX=PX+V:C=PEEK(SM+NY*20+NX):IF C>
208:SOUND 0,100+(209-C)*10,10,1:R=C-RA
ND(WPN)-1:IF R<209:V=ASC(T$(RAND(4)+1)
):ELSE :V=R:ENDIF
206    POKE SM+NY*20+NX,V:C=131:ENDIF :
IF C<>131:POKE SM+PY*20+PX,14:PY=NY:PX
=NX:POKE SM+PY*20+PX,96:ENDIF :R=RAND(
LEV)+1:IF C=95:HPM=HPM+R:ENDIF :IF C=6
8:GOLD=GOLD+R:ENDIF :IF C=79:WPN=R:END
IF :IF C=75:HP=HP+5:IF HP>HPM:HP=HPM:E
NDIF :ENDIF

210 IF C=30:GOTO 20:ENDIF :FOR I=1 TO
M:OMX=MX(I):OMY=MY(I):NMX=OMX:NMY=OMY:
O=SM+OMY*20+OMX:D=PEEK(O):IF D>208:IF
RAND(2):NMX=OMX+((OMX<PX)-(OMX>PX)):EL
SE :NMY=OMY+((OMY<PY)-(OMY>PY)):ENDIF
:P=SM+NMY*20+NMX:E=PEEK(P):IF E=96:HP=
HP-RAND(D-208)-1
220        SOUND 0,240,10,3:ENDIF :IF E
=14 OR E=79 OR E=68 OR E=75 OR E=95:MX
(I)=NMX:MY(I)=NMY:POKE P,D:POKE O,14:I
F E<>14:SOUND 0,200,8,3:ENDIF :ENDIF :
ENDIF :NEXT I:PAUSE 1:SOUND 0,0,0,0:GO
TO 200
```

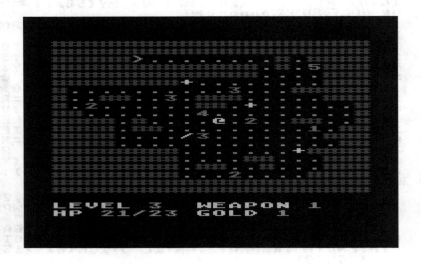